女性が28歳までに知っておきたいお金の貯め方・ふやし方

Money Tips for Women to Find Happiness

ファイナンシャルプランナー
FPCafeで最も人気の回答者
中村芳子

三笠書房

プロローグ

今知れば一生安心。自由になるための「お金の知識」

お金も恋も仕事も！ 思いっきり充実するよ！

私の人生は、ほかの誰でもない自分のもの。しかも、たったの一度きり。

だからこそ、自分らしく、自由に生きてみたい。

やりがいのある仕事をして、住みたいところに愛する人と一緒に暮らす。猫を飼ったり植物を育てたり。いろんな国へ旅もしたい。子どもを育てるのも楽しそうだ。

やりたいことを実現するためには、**必要なことが3つある。**

ひとつ目は、自分をよく知ること。何が好きで何が嫌いか。何が得意で何が苦手か。自分にとって大切なことは何か。どんなときに幸せや満足を感じるか。

ふたつ目は、世の中の仕組みやルールをよく知ること。好きなことを仕事にするためにはどうすればいいか。仕事をうまくやるには、人に好かれるには、何が大切か。

3つ目は、お金と時間を知ること。なんの仕事をしてお金を稼ぐか。人生を楽しむためにどう使い、将来のためにどう貯めるか。そして、どう守りどうふやすか。これがわかれば、いろいろな不安にさよならできる。不安を抱えたままでは永久に自由になれない。

時間とお金は密接な関係にある。お金で時間を買い、時間を使ってお金を節約できる。自由を手に入れるには、お金と時間を上手にコントロールする力が欠かせない。

この本で、「お金のこと」をマスターしてコントロールできるようになれば、あなたは本当の自由を手に入れることができる。

◆シンデレラではなくエルサになろう

「シンデレラ・シンドローム」という言葉がある。少し古いかな。いつか白馬に乗った王子様が迎えに来て、今の境遇（仮の姿）から救い出してくれ、結婚して「They lived happily ever after.」（めでたし、めでたし）となるのを待ち続ける女性の生き方を指す。でも、あなたも気づいているとおり、王子にはあなたを幸せにする力はない。なのに無意識のうちに、自分を幸せにしてくれる王子様を待っていない？

ディズニーのアニメ映画でもわかるように、**21世紀のヒロインは、男性をあてにしない。**『アナと雪の女王』のエルサ（アナのお姉さん）は、女王としてひとりで国を守るという運命を背負って、誰にも頼らず進んでいく。王子は登場しない。

赤ずきんちゃんやラプンツェルなどいくつかの童話をモチーフにした映画『Into the

例1　25歳で貯蓄ゼロ、
フツーの収入でも共働きなら　2人合わせて
1億円以上貯まる!

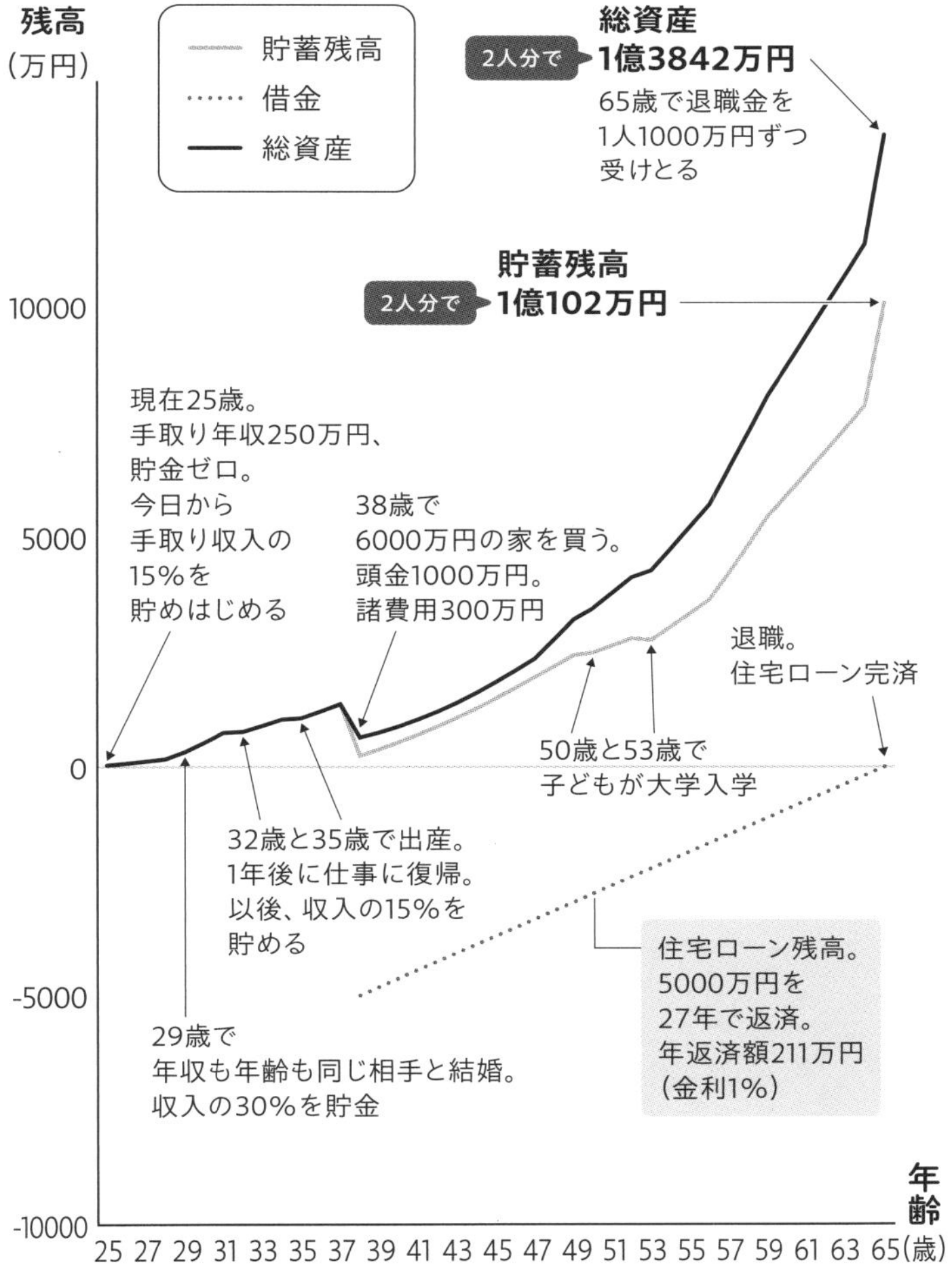

Woods』（邦題『イントゥ・ザ・ウッズ』）はもとはミュージカル。セクシーな王子は不倫をしてシンデレラを裏切る。彼女は城を出て新しい人生を歩みはじめる。まだだったら、ぜひ観てほしい映画だ。

日本は長らく男社会で、20世紀の終わりまで、女性が男性と同じ職についたり、同じ給料をもらったりすることが難しかった。政府は「標準世帯」という表現を使っていた。夫が会社員、妻が専業主婦、子どもがふたりいる家庭を指す。

この標準世帯、つまり、夫が外で働き妻は家にいることを前提に、日本は社会の制度をつくってきた。会社勤めは長時間労働が普通だったから、女性が働き続けるのは難しかった。保育園がふえて（足りない地域もあるけど）、育児休業制度が整い、出産しても働き続けられる条件が整ってきたのは、21世紀になってから。

昔は、夫だけが働くスタイルで、家を買い、子に教育を受けさせ、リタイア資金も貯めることができた。ところが、公的年金が減り、住宅価格や教育費が上がったのに、給料はふえない。ひとりの収入では、ゆとりある生活は楽しめなくなった。それに学歴でも能力でも男に引けをとらない女の力を、社会に生かさないのは日本の損失！　一方で、結婚しない女性、子を持たない夫婦もふえている。離婚もふえた。

例2 25歳で貯蓄ゼロ、
フツーの収入でもシングルなら
1人で **4500万円以上貯まる！**

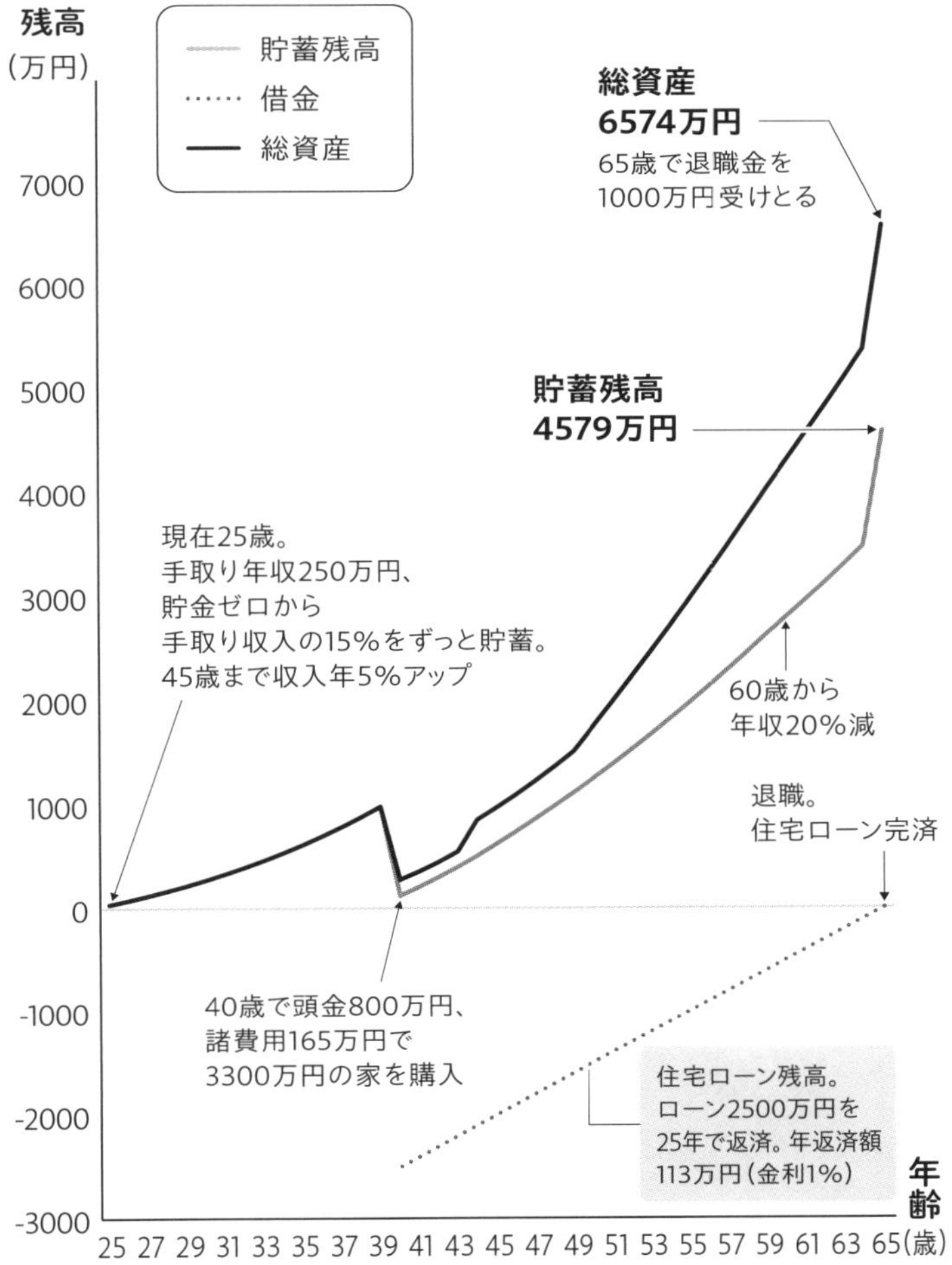

つまり、結婚してもしなくても、**お姫様に仕事力・経済力が必要な時代**になったのだ。誰を待たなくてもいい。自分の馬で森のなかを駆け回り、行きたいところに行こう。

お姫様とは王子に守ってもらう存在ではなくて、**自由に自分の夢をかなえられる人のこと**だと思う。王子が白馬でやってきたら馬を並べて駆ければいい。二頭立ての馬車もいいけど、彼と違うところに行きたくなったら、ひとりで馬をそちらに向ければいい。

自由で豊かな生活を送るために**「一生働く」**と覚悟を決めよう。すると、仕事や人生に対する態度はまったく変わってくるはずだ。

キーワードは**「楽しく働く」**。

20代から65歳まで、ずーっと同じ働き方をするわけじゃない。

結婚して子どもを産んだら、たっぷり育児休暇をとって子育ては彼と分担。働き疲れたら長期休暇をとろう。いったん仕事を辞める選択肢もある。でも、3年後か5年後か10年後、作戦を立ててもう一度社会に出て働こう。いろんな可能性がある。

人生100年時代。社会はすごいスピードで変化しているから、社会人になってからも、折々に勉強し直して専門性を深め、新しい分野に挑戦していくことが必須だ。

例3　25歳で貯蓄ゼロ、結婚後、専業主婦でもパートをすれば 2人合わせて

4900万円以上貯まる！

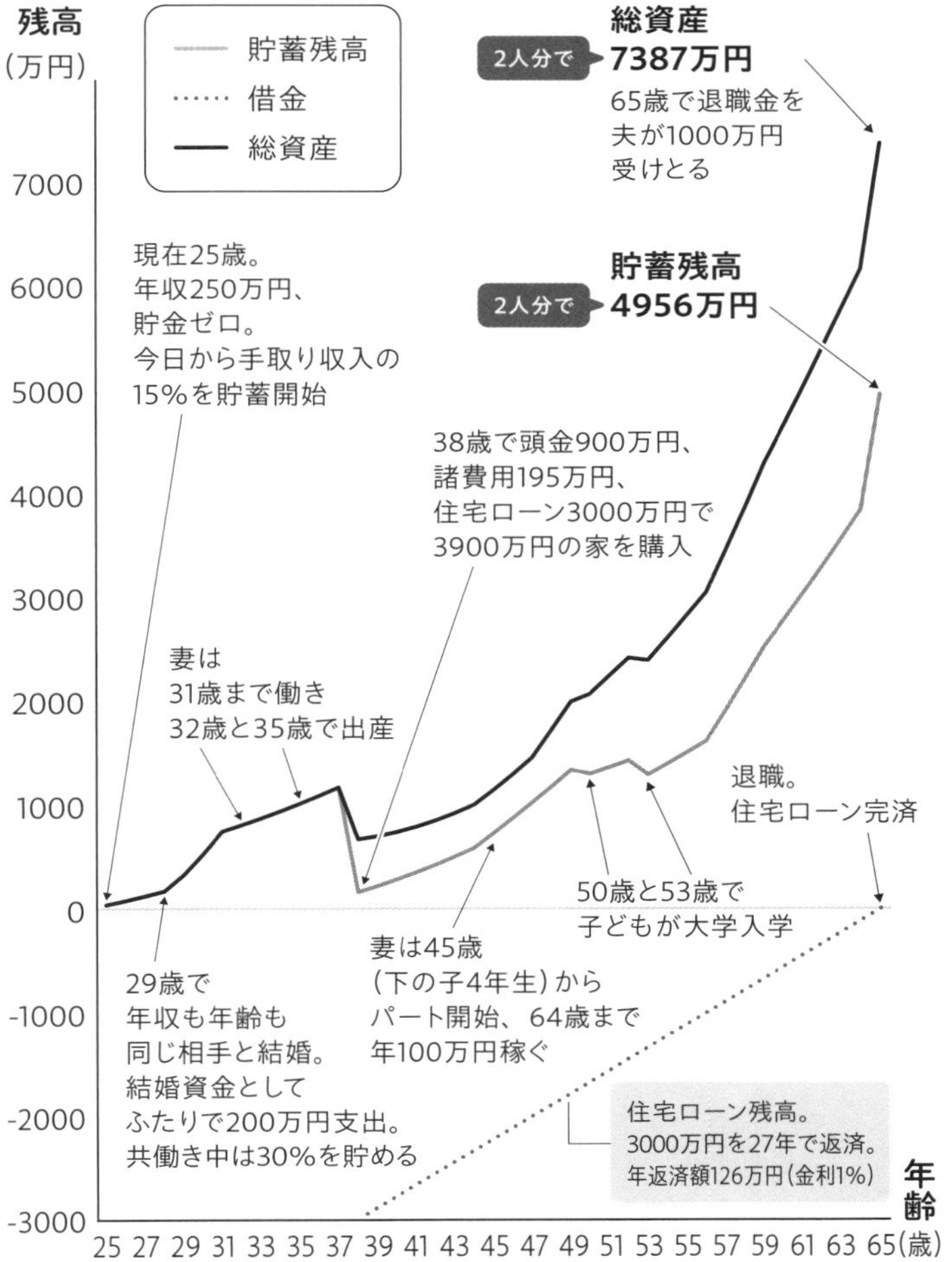

◆誰かの真似では満たされない。あなたが最高に幸せになる人生プラン

女性はどうも、周りの女性を気にしすぎる傾向がある。

彼氏ができた？　結婚するの？　あの服はどこで買ったのかな？　給料はどのくらい？　貯金はいくらある？　化粧品のブランドは？　エステに通ってるのかな？


はっきり言っておこう。周りの女性の持ち物や財布の中身を気にしているようでは、あなたは永遠に自分らしく生きられない。自分にも自分の生き方にも満足できない。

人は人、私は私だ。こと、お金に関してはそうだ。

人の収入がいくらか気にするより、自分の収入をどうふやすか、あるいは維持するかを考えよう。

となりの人の貯金がいくらあるかではなく、自分の夢をかなえるためには、いくら貯金する必要があるのかを計算してみよう。


あなたはどう生きたい？

どういう仕事をどんなふうにしたい？

収入はどのくらいほしい？
結婚はしたい？
子どもはほしい？
住まいは買いたい？
どんな老後が理想？

人と比べたり、人の意見を気にしたりせず、**自分がどうしたいのか**という本心に忠実に、自分だけの人生計画（ライフプラン）をつくろう。それを実現するためのマネープランとキャリアプランをつくろう。自分の人生という「航海」の目的地がわかっていないと、ふらふら海の上を漂っているうちに、年だけとっちゃうよ！

人生を変えたいと思ったときが、あなたの転機。**何歳でも遅すぎることはありません。**

◆シミュレーションを過信しないで！

3つのシミュレーションの条件と詳細は252～256ページにある。
ただしシミュレーション（試算）は過信してはいけない！　いくつもの仮定のもとに計

算しているので、収入のふえ方や運用率など、ひとつでも条件が変わると結果は違ってくる。しかし、今の現実的な情報を土台に試算することで、向かうべき方向と実行すべき事柄をはっきりと示してくれる。シミュレーションは過信せず、上手に使いたい。

《ご注意》

本書で提供した投資商品の選択や運用はご自身の責任と判断で行なってください。

本書の内容は、特に断り書きがない場合、２０２４年10月時点のものです。

企業の制度や法律の改正などによって、予告なしに内容が変更または廃止される場合がありますのでご利用前にご確認ください。

この本の「収入」とは、特に断りがなければ手取り収入のこと。手取り収入は、給料の額面金額から税金と社会保険料を差し引いた額。

目次

2章

ものすごい差がつく「貯金」の極意

——年収250万円、貯金ゼロでも無理なくスムーズにザクザク貯まる!

3章

稼ぎ力アップ！「仕事」のコツ

——心も財布も大満足！ 貯まるスピードが上がる働き方

4章 スッキリ賢く「預ける・管理する」

――4つの口座で整理！ 勝手にぐんぐんふえる仕組みをつくる！

5章

夢をかなえる「投資・運用」のルール

——万全な守りと攻め!

NISAで1万円からガッツリふやす投資入門

6章

楽しく快適！「結婚・出産・子育て」

——やりたいことをあきらめず「パートナーとうまくいく」お金の新常識

7章

住まい・保険とハッピーリタイア！

――今これだけ知っておけば「将来の備え」は万全！

8章

大満足！「シングル」で快適人生

——不安から解放されて自由に楽しく羽ばたこう！

編集協力　井坂真紀子／安齋美咲
本文DTP　Isshiki
イラスト　カフェラテ／たぴたぴ

1章

この「基本」が超重要

——賢くリッチな女性は知っている「一生お金に困らない」マネー・リテラシー

Money Tips for Women to Find Happiness

お金が貯まる大原則

収入が少なくても苦しくても、10%貯金を続ける者が最後に笑う！

お金は「余裕のあるときに貯めればいい」とか、「余裕ができたら貯めよう」というのは間違い。収入がふえるほどに、ほしいものもやりたいこともふえるから余裕なんかできない。収入が少なくても少ないなりに貯金することが大切だ。

収入と支出には波がある。就職したばかりや結婚して子どもが生まれたばかりのときは生活が苦しい。そんなときでも**手取り収入の10%は貯金**する。収入がふえて家計が落ち着いてきたら、徐々に金額をアップさせよう。

親元から通勤しているシングル、結婚して子どものいない共働きカップルなら、今が人生最大の「貯めどき」だ。収入の30%は貯めたい。ゆとりのある状況がずっと続くとは限らないから、今から支出増、または収入減に備えておく。

こうして退職するまでコンスタントに収入の15%を貯め続ければ、人生の3大支出といわれる「住宅資金（211ページ）、教育資金（192ページ）、老後資金（228ページ）」をきちんとカバーできる。保証します。

そして、**貯金の習慣は一生の財産**になる。

**苦しいときも、ゆとりがあるときも…
ずっと貯め続けるのがポイント!**

こんな人	貯金の目安
● 就職したばかりの人 ● 妻が仕事を辞め、子どもが生まれたばかりのカップル	手取り収入の **10%**
● ひとり暮らしのシングル ● 子どものいる共働きカップル	手取り収入の **15%**
● 社宅や寮住まいの人 ● 親元から通勤しているシングル ● 子どものいない共働きカップル	手取り収入の **30%**

やっぱりお金があると、未来の選択肢が劇的に広がる！

いくら貯めれば安心できる？ まず100万円、それから年収分

いくら貯めたらいいか、という質問をよく受ける。「金額」の答えはない。年収200万円の人と1000万円の人とでは答えは違う。だから、この本では「割合」で考える。最低でも手取り収入の10%を貯めよう。**できれば15%が目標。**10%なら10年で年収分が、15%なら7年で年収分が貯まる。

まず100万円を貯め、貯める実感を味わい、目標達成した自分をほめよう。次いで年収分を目指す。年収300万円なら、貯金は年30万～45万円。月収からもボーナスからも、それぞれ15%ずつ積み立てるのがシンプルでお勧めだ。

就職したばかりでひとり暮らしの人などは、給料で家賃や生活費をまかなったうえに貯蓄もするのは、かなりしんどい（私も苦しかった）。でも、10%なら外食を減らしたり工夫したりすれば、なんとかやれる（私もがんばった）。天引き貯蓄や自動積立を利用

し（102ページ）、**今「貯めグセ」をつけておこう**。その習慣が一生の財産になる。貯金する目標が見つけられない、という人もいる。不思議なことに、貯金が100万円、300万円と増えると、夢が湧き上がってくる。やりたいことが見えてくる。とにかく貯めはじめよう。

30歳前後は人生のターニングポイント。結婚、転職、独立、留学など、次のステップを考える時期（私は退職して遊学して起業して結婚した）。年収分の貯蓄があれば、それを元手に新しい道へ進んでいける。思いきって人生を仕切り直す決断もできる。

ここでクイズ！

収入の10%を
10年間貯め続けたら、
いくらになる……？

答え

年収分！

今、始めなければ、
10年後も
貯金はゼロだよ！

早く楽に貯めるにはコツがある

目標がハッキリするとお金は貯まる。5年後10年後の自分を想像して

20代は今のことだけで、精いっぱい。5年先、10年先なんて考えられない。

でも、いいことを教えてあげる。これからの5年間は、過去2年半と同じくらいの短さに感じる。これからの10年は過去5年間と同じくらいの速さで過ぎる。

年を重ねるごとに、時間のスピードは加速する。怖いけど、ほんとの話。

「何もしないうちに40歳に（50歳に）なっちゃった」と嘆かないために、**ときどき5年後、10年後に目を向けてみよう。**

27歳のあなたは5年後は32歳、10年後は37歳。

31歳のあなたは5年後は36歳、10年後は41歳。

そのときのあなたは、どんな仕事をして、収入はどれくらいで、どんな暮らしをしているだろう。となりには誰がいる？

「5年以内に課長になる」「30歳までに年収800万円」「2年後までに結婚して5年後までに子どもをふたり産む」「29歳で留学、その3年後に帰国して外資系企業に就職」……。

遠慮しないで、やりたいことをどんどん考えて。手帳に書き込み、周りにも宣言しよう。そしてそれを実現するために、今何をすればいいか考える。調べる。

アクションを起こさないと夢は実現しない。だから、何をすればいいか考える。友達や先輩にも相談してみよう。

営業成績を上げる。資格をとる。友達に男性を紹介してもらう。結婚サービスや出会いアプリに登録してみる。語学を勉強する。TOEICを受けて点数を上げる。

計画どおりにはいかないかもしれない。いかないことのほうが多い。でも、計画は途中でどんどん修正すればいい。

計画があるとないとでは大違い。行きたい方向が定まっていたら、経路は違っても、きっとそこにたどり着ける。途中で逆風にあっても、迷ってもあきらめないで。ちょっと休んで気をとり直して、自分で舵《かじ》を切って進んでいこう。

実際に書くことが、明るい未来への第一歩！

理想の

	今
年齢は？	歳
仕事は？	
結婚は？	している・していない
子どもは？	人
住まいは？	賃貸・持ち家
年収は？	万円
オフの過ごし方は？	
趣味は？	

実は、これが書けない
人がすごく多い！
実際にやってみよう！

未来へ！

5年後、10年後に目指すのは…

	5年後	10年後
年齢は？	歳	歳
仕事は？		
結婚は？	している・していない	している・していない
子どもは？	人	人
住まいは？	賃貸・持ち家	賃貸・持ち家
年収は？	万円	万円
オフの過ごし方は？		
趣味は？		

お金があると夢がふくらむ

未来の自分へ。「とっておきのプレゼント」が貯金だ

「がんばった自分へのご褒美」と、ちょっと高級なレストランに行ったり、前からほしかったアクセサリーを買ったり、一泊で温泉に出かけたり、あなたも自分にプレゼントをしたことがあるだろう。うれしいよね、やっぱり。

実は、貯金も自分へのプレゼントだ。今の自分にではなく、将来の自分への。

今働いて稼いでいるのは、もちろん生きていくため。生きるにはお金が必要。ごはんを食べる。家賃を払う。おしゃれする。デートする。結婚式や同窓会もある。

でも、お金にできるのは目の前のことだけじゃない。半年後に海外旅行へ行く、3年後に留学する、5年後に結婚する、10年後に家を買う——将来やりたいことを実現するために、ほしいものを買うために、今の収入の一部をとっておく。

今の自分から未来の自分へ、夢をかなえる資金をプレゼントする。それが「貯金」。

そう考えると、目の前のほしいもの、やりたいことをぐっと我慢しても、貯金ができるようになる。**ほかの誰でもない大切な自分へのプレゼント**なんだから。

自分を愛して大切にすることが、生きていくうえでいちばん大切なことだ。

大切なお金を守りながらふやす！

投資は必須のライフスキル。NISAで始めよう

未来の自分のために貯めるお金、それが減ってしまったらがっかりだ。

たとえば「８００万円貯めて、３０００万円の家を買う」と計画していたとしよう。やっと貯まった頃に家の値段が上がって４０００万円になっていたら、計画を先延ばしにするか、予算を小さくしなくちゃいけない。

ものの値段が全体的に上がることを「インフレ（Inflation）」という。1年でどのくらい上がるかがインフレ率。インフレ率が５％だと、今年１００万円のものが、来年は１０５万円になる。逆にいえば、お金の価値が５％減ってしまうということ。生きていくには「貯めたお金を減らさないスキル」が必須で、それが投資だ。銀行にだけにお金を預けていては、損をする。預金の金利はインフレ率より低いからだ。インフレ率を上回る有利なものに預けなくては。インフレに勝つ（可能性が高い）もの、それが投資だ。預金は「約

投資でふやそう（インフレとデフレの違い）

インフレ　Inflation	vs.	デフレ　Deflation
物価全体が**値上がり**する		物価全体が**値下がり**する
▼		▼
お金の価値が**減っていく**		お金の価値は**減らない**
▼		▼
貯金だけに頼っていては**ダメ**		貯金だけで**大丈夫**
▼		▼
投資でふやそう		**投資しなくても平気**

日本は1990 ～ 2013年頃までデフレ。その後も物価は上がらなったが、2021年後半からインフレに転じ、23年1月には4%を超え、24年は2%台で推移。投資が必須になった

束どおりの利息が払われ」「元本割れ＊しない」が、投資はそうじゃない。大きくふえることもあれば、元本割れで損することもある。けれど「投資は怖いからやらない」なんて言ってられない。投資にはいろいろなやり方がある。**損するリスクを小さくして、インフレ率よりプラスになる確率が高い方法**を選べばいい。大儲けをねらうわけじゃない。「NISA」で積み立てをするのがそれだ。

投資をしたことのない人が始められるように、NISAでは親切に道筋がつくってある。5章でやさしく解説した。これから必須のライフスキル、NISA投資をマスターしよう。

＊預けた額、購入した額より値段が下がること

貯金や投資以前に大切な、お金のカギ

テクニック以上に大切なのはベースとなるキャリアプラン

お金をうまくコントロールできれば、将来の不安が消えて、人生を自由に生きることができるようになる。私がお金のアドバイスをする「ＦＰ（ファイナンシャルプランナー）」の仕事を続けているのは、それを応援したいから。そして、これに気づいた。20代、30代でお金のプランを考えるとき、**貯金や投資のテクニック以上に大切なのがキャリアプラン**だ。収入も人生の質も、仕事に左右される。

・年収２５０万円以下、１０００万円以上
・正社員、契約社員、派遣社員、アルバイト、フリーランス、個人事業主、起業家
・収入が安定、不安定。年々上がる、上がらない
・残業が多い仕事、残業が少ない仕事
・働く時間や場所が決められている仕事、自由に選べる仕事

日本は女性が働くのに優しくない国だ。女性の賃金は男性より25%低い*。先進国のなかで最低レベル。差が小さいイタリアは3%低いだけ。非正規で働く女性が多いのは正規で雇ってもらえないから。会社内の職種が限定されていて、男性は昇給するが女性はしない。役職につきにくい。長時間労働なので家庭や子育てと両立しにくい。でも、そうじゃない職場も働き方もある。選ぶのはあなた。

安い給料や将来性のない仕事に甘んじない。昇給しない、残業が多すぎるなら転職しよう。非正規職員は正規を目指そう。世界は広いし、仕事も働き方もどんどん変わっている。仕事に対しても、収入に対しても欲張りになろう。

収入だけでは決めない。**長く続けられる、楽しく働ける、自分を表現できる仕事**を選ぼう。すぐ見つからなくても、**あきらめずに探し続けよう**。5年後に見つかるかも。

私もいろいろ体験した。大企業の従業員 ▽ 社員5人の会社 ▽ 友人とふたりで起業 ▽ 社員7人に ▽ ひとりになってアメリカで働く ▽ 再び日本へ。

収入は多くないけど、面白い仕事を自分のスタイルで続けられているから満足。人生楽しみながら、貯金も投資もしているよ。あなたもきっとできる。

*OECD Gender Wage Gap 2022

Column

人生のゴールが決まった！私の20代「最大の収穫」

19歳（大学2年）で初めて海外へ行った。苦手な英語をなんとかしなきゃ、とアメリカでホームステイ。その後、クラスで知り合ったメキシコ人が自宅に招いてくれた。

消費大国のアメリカは、個人尊重（個人主義）が徹底していた。人の評価を気にしなければ、こんなにも自由になれるのかとびっくりした。

また、メキシコは貧富の差が、日本にいる人には想像できないくらい大きく、貧しさのなかで子どもたちが死んでいた。

22歳の夏、大学の先輩にヨットに乗りに連れていってもらい、いろんな人に出会った。仕事も年齢も生き方も全然違う人たちが、「海が好き」というだけで集まって、時間を

共有していた。

23歳でFP会社への転職を決めたのは、ヨット仲間に証券関係の人がいたことが大きい。生き生きと働く彼らを見て、自分もダイナミックに動く金融の世界で仕事がしたい、と強く願うようになったのだ。

転職した会社では、社外の人と知り合うチャンスが格段にふえた。違う立場にある多くの人生の先輩が、経験談や人生論を酒の席で分かち合ってくれた。

そして29歳。5年続けた仕事は面白かったけれど「このまま続けていいのだろうか」と悩みはじめた。変わらない生活パターンに息苦しくなっていた。

そこで思いきって退職! ずっと憧れていた「留学」を実行に移すことに。とはいえ、今さら「英語が話せるだけ」では就職の役に立たないのはわかっていた。オーストラリアへの「ワーキングホリデイ」も、当時は年齢オーバーでダメ。でもとりあえず行ってしまえと、オーストラリアに住む友人、知人を頼って旅立った。

5カ月間のホームステイや旅で体験したのは、お金がなくても毎日の生活のなかに楽しみや喜びが、ゆとりがあること。家族そろって夕食を囲むあたたかさ。

日本人って、お金はあるけど毎日あくせく働いて、家族との時間も自分の時間もない。全然「今」を楽しんでいない。将来のことばかり心配している。何か変。

それまで結婚には興味がなかったけれど、家族がこんなに素敵であたたかいものなら、私も家庭を持ってみたいと考えはじめた。

「こんなふうに生きたい」というライフスタイルに、オーストラリアで出合ったのだ。

これが20代最後の、そして最大の収穫。今もこの価値観は変わっていない。

2
章

ものすごい差がつく「貯金」の極意

——年収250万円、貯金ゼロでも無理なくスムーズにザクザク貯まる！

Money Tips for Women to Find Happiness

ここに使いすぎていたのか！　面白いほどわかるヒント

なぜ貯まらない？　お金と幸せのプロ直伝、この支出の「ゴールデンバランス」を守ろう

15％貯金を続けて、健康な体と暮らしをキープできていれば、あとのお金をどう使うかは自由だ。1章で述べたとおり、自分がいちばん満足できる使い方をすればいい。

でも、「お金を貯めたいけど貯まらない。なぜだかわからない」と悩んでいる人のために、**貯まらない原因を見つけるヒント**を差し上げよう。

47ページの表は、お金を貯めるために、各費目をどれくらいに抑えればいいのかの目安を示したもの。自分の使い方と比べてみよう。比率を大きくオーバーしている費目があれば、それがお金の貯まらない原因だ。

家賃なら、手取り月収の25％以下。月収20万円なら5万円、30万円なら7万5000円が上限だ。これを大きく超えると貯金できない。安いところに引っ越すか、家賃以外の支出を切り詰めるなどの対策を考えて実行しよう。

洋服代や美容費がかさみがちな女性は要注意。どちらも年間の予算を決める。

洋服代（下着、鞄、靴も含む）は年収の10％まで。年収２５０万円なら25万円以内に。高い服、鞄、靴がほしければ、先に収入をふやしなさい。年収１０００万円になれば年間１００万円を洋服代に使える。

美容費、つまり化粧品代、美容院代、ネイルやエステティック代などは小遣いから出す。小遣いはシングルや共働きなら収入の20％（47ページ参照）。月収20万円なら４万円、50万円なら10万円。ここに通常の交際費、フィットネスクラブ会費、おやつ代なども含む。

美容費は年齢を重ねるほどふえてしまいがち。20代からかけすぎると30代、40代と泥沼にはまってしまう。美容整形は一度やるとやめられず、際限なくエスカレートしていくから気をつけて。

限られた予算で身だしなみを整え、健康にいい食事をし、スポーツをし、自己投資もする、というのは難しい。だからこその**知的ゲーム**だ。**作戦を練って勝利しよう。**オーバー費目、さて、何をどう削ろうか。

あなたの貯まらない原因はココ！

費目	あなたの実際の支出	
家賃	円	%
食費	円	%
自動車費	円	%
通信費	円	%
生命保険料	円	%
ローン返済	円	%
洋服代	円	%
小遣い*	円	%

*専業主婦の小遣いは、夫の収入の5%。夫の月収が20万円なら妻の小遣いは1万円。夫の月収が50万円なら2万5000円

これが支出のゴールデンバランス

費目	手取り月収に占める正常な割合(ボーナスが年4カ月分ある場合の目安。ボーナスがない人はこれより割合を低めに抑えたい)	
家賃	25%以内	管理費も含む。住居費は高すぎるとお金は貯まらない
食費	10%以内	家族以外の人と食べる外食は交際費。なるべく自炊を心がけよう
自動車費	10%以内	ガソリン代や駐車場代などの維持費
通信費	5%以内	携帯を含む電話代とネットにかかる費用。安いプランを利用して
生命保険料	3%以内	シングルは入院のための保障だけでOK。3%以下に抑えられるはず
ローン返済	0%	住宅ローン以外のローンは利用しちゃダメ!
洋服代	10%以内	ふくらみやすいので予算を決めて 
小遣い*	20%以内	

\ 貯金は平均15%をキープするのが鉄則! /

8

本当に好きなことに使っていれば、節約しても心満たされる！

「贅沢」と「節約」。こんなメリハリをつければストレスゼロで満足度急上昇！

年収3000万円を超えるくらいじゃないと、やりたいことを全部やるにはお金が足りない。でも年収3000万円超の人はたいてい、やりたいことをやる時間がない。

限られた収入で生活の満足度を高めるには、メリハリのあるお金の使い方を身につけることだ。「ココにはお金をかける」＝「贅沢費目」と、「コレにはお金をかけない」＝「節約費目」を決める。

このテクニックは、一生の財産になる。

・「服にはお金をかけない」→年に一度はゴージャスなバカンスを楽しむ
・「手づくり弁当でランチ代節約」→大好きな歌手の全国ツアーを追っかける
・「生活費を徹底的に切り詰める」→大好きなブランドの靴を思う存分に買う

私の場合は車を持つ代わりに、仲間と共同でヨットを買った。陸より海を走りたい。

自分が本当に好きなこと、したいことにお金と時間を使っていれば心が満たされる。だから、そのために節約するのも、さほど興味がないことを我慢するのも苦しくない。

何にお金をかけるか、かけないかは、周りを見ていても決められない。

私は本当は何がしたい？　私は何が好き？　答えが出るまで問いかけ続けよう。

メリハリをつけて人生を楽しもう!

贅沢費目は?

①

②

③

④

節約費目は?

①

②

③

④

Column

価値観は人それぞれ！「オーストラリア流」が私の理想のライフスタイル

20代の終わりに、オーストラリアで出合ったライフスタイルが、今も私の理想だ。

第1、長時間働かない。

ときには残業もするけれど、普通は午後5時か6時には仕事を終え、土日は完全に休む。年に2、3回、2週間前後の長めの休みをとる。

「そんなの自営業だからできること、会社勤めの自分には無理」と考える人もいるかもしれない。実は、自営業こそ休みはとりにくい。休むには、取引先に調整を頼み、仕事を断らなくてはならないこともある。断ったら二度と仕事がもらえないかもしれない（怖い）。休んだ分、収入は減る（困る）。

休暇をとるため、私がＮＨＫや日本銀行からの仕事の依頼を断ったときは、仕事仲間からあきれられた。でも仕事以外の自分の時間、家族と過ごす時間はかけがえがないもの。お金には代えられない。この時間はこれからも大切にしたい。

第2、自分のやりたいことをやる。

20代では、結婚したら、子どもができたら、やりたいことができなくなると思い込んでいた。それが間違いだと教えてくれたのはホームステイ先のママ。7～15歳の3人の娘がいたが、「子どもが生まれたからといって、やりたいことをあきらめたことはひとつもない」と言いきった。目からうろこ！　私は出産3カ月後で仕事に復帰し、ペースを緩めて働き続けた。生後2カ月の赤ん坊を連れてアメリカに行った。たまに子どもを夫に預け、ひとりで旅行に出かける。やりたいことをやるには戦略が必要で、ベビーシッター代などコストがかかることもある。でも、ちょっと工夫すればできる。たいていのことは、夫婦が助け合えば実現可能だとわかった。あなたもできる。

第3、人にどう見られるか、思われるかを気にしない。

それより、自分が何者なのか、何をしたいかを大切にしたい。

最後は、「なんとかなるさ」精神。

30歳でキリスト教の洗礼を受けてから、やることを誠意を持ってやったら、あとは神様が面倒を見てくれると、信じられるようになった。神様って優しいからさ、大変な問題にぶつかっても乗り越えられるよう助けてくれるし、前よりかえっていい状態になる。のんきに構えているから、こんなスタイルで続けられているのかも。

ムダな手数料、サブスクリプション……お金持ちほど細かいのだ！

9 110円のATM手数料など。チリも積もれば年42万円の損

「お金持ちは、値段なんて気にしない」と思っているなら、大きな勘違い。**お金持ちほどお金にシビア**だ。商品やサービスが値段に見合っているか、鋭く目を光らせている。贅沢を楽しむが、決してムダな出費はしない。

逆に、**お金が貯まらない人ほどムダに無頓着《むとんじゃく》**だ。その典型がATMの手数料。時間内に所定のATMで引き出すか、銀行のいくつかの条件を満たせば、現金引き出しは無料。なのに、1回110〜330円の手数料を平気で払っていないか？　だったら危ない。たとえば週に1回、220円のムダな手数料を払えば、1年で1万1440円！

こんな人は、きっとほかでも損をしている。銀行の各種手数料をもう一度点検して、銀行に払う手数料ゼロを目指そう。メインバンクを変更することも考えてみよう。後述のデビットカードでキャッシュレス生活をすれば、現金引き出しの必要はなくなる。

コンビニ貧乏、カフェ貧乏にも気をつけて！　仕事帰りにふらりと立ち寄って飲み物やお菓子を買う。一日1回カフェで気分転換。それらが習慣になっていたら、お金は減って体重はふえる！　1回に使うお金は少額でも、1年で考えると大金だ。

まずは、ムダの習慣を見つける。左の例を参考に日頃の行動を振り返ってみよう。

こんなムダで、
年間で42万1680円もの損!

ATMの
時間外手数料
220円
×月4回

なくても平気な
サブスクリプション
980円
×月2契約

仕事帰りの
コンビニ
500円
×月15回

気のすすまない
お付き合い
5000円
×月2回

惰性で行ってしまう
カフェ
600円
×月8回

終電に乗り遅れた!
タクシー代
6000円
×月1回

見直していない
スマホ料金のムダ
月4000円

＼ 合計月に3万5140円 ／

10

毎月、見るだけで、どんどん結果が出てくる！

支出の管理は「家計アプリ」でスマートに手間も節約

「お金が貯められない」と悩む人の多くは、**何にいくら使っているのかわかっていない**。わからないと、項目7（44ページ）で紹介した「ゴールデンバランス」のテクニックは使えない。やみくもに節約すれば、お金を使うたびに罪悪感を覚えて疲れ、結局投げ出してしまう。これは意志の強さの問題ではなく、作戦が間違っているだけ。

何にいくら使っているかを知るのは、実は簡単だ。家計管理アプリをダウンロードして、銀行口座、クレジットカードと紐《ひも》づけ（連携）すればいい。**必ず連携させるのがポイント**。多くはパソコンでも使え、ウェブサイトからアカウントにログインすればいい。カードで買い物をするたび、ATMで引き出すたび、1円ももらさず記録してくれる。現金で払った分は自分で記録しなくちゃいけないから、なるべくデビットカードを使うといい。いつどこでいくら使ったか、自動的に記録される。

＼ 銀行口座やクレジットカードと連携して使おう ／

おすすめの家計管理アプリ

アプリ	特　徴
Money Forward ME	支出を自動的に分類してくれる機能が便利。資産管理の機能も優秀
MoneyTree	AIが明細のカテゴリを自動判別して分類してくれる。英語でも使える
Zaim	シンプルで使いやすいインターフェースが女性に人気

クレジットカードも使い道や支払い日が記録されるが危険だから勧めない（58ページ）。そして1カ月分の支出をチェックする。月20万円しか使っていないつもりが、25万円だったというのはよくある話。レギュラーの出費は20万円でも予定外の出費が毎月なにかしら発生する。このイレギュラーも計算に入れて支出計画をつくれば予算を守りやすい。貯金しやすい。

それから、やっぱり節約は大切。**ケチケチするのではなくてムダな買い物をしない**こと。ファストファッションは世界でゴミをふやして社会問題になっているぞ。リサイクルを心がければ地球に優しい。冷蔵庫の食品を腐らせないのも立派な節約。アプリで使いすぎ項目がわかったら、ゲーム感覚で1項目ずつ克服していこう。1カ月の支出記録をじっくり眺めていると、ムダが見えてくるし、それをなくすアイディアも浮かんでくる。節約ゲーム、上手に楽しもう。

Column

楽してすぐ効く、支出を減らすアイディア大公開

今日からすぐ実行できる、シンプルな節約アイディア。できるところからどうぞ！

【外食費】

・1週間、1カ月の外食予算を決める
・二次会はできるだけパス。マンネリの飲み会や、気の乗らない合コンは断る
・人気のレストランで食事するなら、ディナーよりリーズナブルなランチを
・宅配フードサービスは使いすぎない
・レストランで集まるより、自宅で一品持ち寄り（ポットラック）パーティーを

【内食費】

・冷凍食品や調理済み食品を上手に利用（自炊より高いが外食より割安）
・安い材料で簡単に料理できるレパートリーをふやす（動画サイトが強い味方）

・いいコーヒー豆、いいワインをそろえて、うちで楽しむ
・食材はまとめ買い、まとめ調理で、1食分ずつ小分け冷凍
・ごはんは数日分を一度に炊いて、1膳分ずつ冷凍

【水道光熱費・通信費】
・ガス・電気は、いちばん有利な業者を選んで乗り換える
・冷房の設定温度は28℃、暖房は20℃に。タイマーやホームアプリを活用
・入浴中はシャワーを流しっぱなしにしない。歯みがきするときは水を止める
・携帯電話やネット回線は、有利な料金プランを定期的にチェック

【その他】
・SNSを見る時間を減らして、ネット広告の罠にはまるリスクを減らす
・ネットの買い物は即日ではなく3日間待って、必要かどうかを冷静に考えて買う
・ネットのフリーマーケット、リサイクルサイトを活用。安く買って不用品は売る
・持たずに借りるライフスタイルに。シェアサイクルやシェアワードローブも
・手帳やスマホの一覧表に、買ったものと金額を書き、満足度をチェック

11

便利だからこそ、危険ととなり合わせ

クレジットカードは1枚だけ。それも、できるだけ使わないのがルール

お金と健全な関係を保つ第1条。「借金をしない」。これ一生覚えておこう。

「私は借金はありません」という人が、実は借金をしていることがある。**クレジットカードの利用残高は立派な借金だ。これを払い終えるまでカード会社から借りていることになる。**

ポイントを貯めたい！　と光熱費まであらゆる支払いをクレジット払いにする人がいる。これは敵の思うツボ。クレジットは、現金払いより支出がふえる傾向ありとされている。**ポイントで儲かる以上に、支払いがふえている恐れ**があるぞ。

それに、人生では思わぬ出費増や収入減とかがある。それまで一括で払えていたのが払えなくなり「リボ払い」に頼ってしまう。そうすると、残高がどんどんふえることになり、やがて返済が苦しくなって自己破産……という例を実にたくさん見てきた。

クレジットカードで人生を狂わせないために、次のルールを守ろう。

ルール① カードは1枚が理想

カードが複数あると買いすぎてしまうだけでなく、管理が難しくなる。カード会社によって締め日と支払日が違う。複数あると現在の利用残高がいくらで、何日にいくら引き落とされるかわからなくなる。紛失したり、盗まれたり、悪用されても気づきにくい。カードは1枚、多くても2枚まで。

ルール② 支払いは一括払いのみ

分割払いやリボ払い（62ページ参照）は、高い金利がついて買い物代金以上に支払うことになる。残高の管理も複雑になってできなくなる。クレジットを使うなら支払いは一括払いのみ。ボーナスのある人は、ボーナス払いまでOKとしよう。

ルール③ 預金残高が足りないときは使わない

カードが怖いのは、預金の残高がゼロでも買い物ができること。給料やボーナスを前借りするのと同じだ。「次の給料で払うから問題ない」と思っても、翌月はカード支払い分を引いた残りで生活することになり、足りない分はまたカードを使ってしまう。こうして、どんどん借金がふくらむ。結論は「クレジットカードはできるだけ使わないこと」。デビットカードでキャッシュレス生活ができる。一日も早く切り替えよう。

12

ポイ活で、実は人生を消耗している人続出!?

キャッシュレス生活はデビットカードとプリペイド型PAY

昔々、サザエさんの時代は、現金で給料をもらっていた。給料日は、おかずが一品多く晩酌がついた。家計を預かる妻は全部を千円札に変え、食費の封筒、日用品の封筒、子ども費の封筒などに分けて支出を管理。買い物は1円ももらさず家計簿に記録した。

21世紀。現金に触れる機会は激減した。お金を使う実感が薄れて、管理が難しくなった。**クレジットカードで簡単に借金ができるのも、使いすぎの元凶だ。**

キャッシュレスの時代にふさわしい、マネー管理方法を身につけよう。

前述のとおり、借金になるクレジットはできるだけ利用しない。代わりに**デビットカードを使う**。デビットカードは、①キャッシュカードと一体タイプ、②キャッシュカードと別に申し込んで、専用カードを発行してもらうタイプがある。自分の銀行はどうなっているか確認しよう。①なら申し込む必要はないし、②ならすぐ申し込む。

デビットは、レジやオンラインで払うと同時に、銀行口座から代金が引き落とされる。1万円の化粧品を買おうとしても、口座に9800円しかなければ決済できない。持っている以上のお金を使えない。借金にならない。この当たり前がすばらしい！

前述の家計管理アプリは、銀行口座を登録すると、デビットでの買い物は全部記録される。アプリによって自動的に分類される。手間なしで正確だ。

もうひとつ、使って安全なのは**プリペイド型のPAY（QRコード決済）**。事前に入金した分だけが使える仕組み。クレジットでチャージする仕組みにすると、借金になるからダメ。あくまでもプリペイドにこだわろう。デビットとの連携はOK。家計アプリは2024年現在、まだPAYには十分対応していないが今後に期待。ポイント目当てでPAYアプリをふやすと管理が難しくなるから、ひとつかふたつに絞ろう。

以前から私は**「ポイントを貯めない生活」**を勧めている。

どう貯めるか、いつどう使うかを考える時間とエネルギーがもったいない。10万円分のポイントを貯めるのに、何十万円もの買い物へと誘導される。ポイントアップセールで、ほしくもないものを売り手のタイミングで買わされる。

シンプルを選んでストレスフリーになろう。ストレスを買い物や食べ物で解消する必要がないから、ムダ遣いが減ってお金が貯まる。ポイントはいらない。

知らないうちにはまっていない？　すぐ抜け出そう

13 利息だけで年3万円も！「リボで永遠に借金漬け」のカラクリ

クレジットカードに関連して出てきた「リボ払い」。

なんだか知ってる？　これはクレジットやキャッシングの返済方法のひとつ。「リボルビング払い」の略で、リボルバー（回転式弾倉）の名も、このリボルビングからきている。ぐるぐる回って借金から抜け出せなくなるのが特徴だ。ぐるぐるの呪い、恐ろしや。

クレジットカードで15万円買い物して「一括払い」にすると、翌月15万円引き落とされる。十分な貯金がないとこんな使い方はできない。

ところが15万円を「リボ払い」にすると、翌月の支払いは2万円（＋利息）*。これなら貯金がなくても、シーズンの服と靴のまとめ買いができる。パソコンが買える。エステの代金も払える。

しかし、**リボの金利はものすごく高い。**クレジットが10～15％くらい、キャッシングは

ショッピングリボ払いの支払い方法―あるカードの例

残高スライドコース

支払い元金は、締切日(15日)の利用残高に応じて変動する。
「ゆとりコース」「標準コース」「短期コース」がある

締切日(毎月15日)の利用残高	毎月の返済額		
	ゆとりコース	標準コース	短期コース
10万円以下	5千円	1万円	2万円
10万円超50万円以下	1万円	10万円ごとに1万円加算	10万円ごとに2万円加算
50万円超100万円以下	1万5千円		
100万円超	2万円		

15～20%。しかも、わずかずつしか返さないから、借金の残高はいっこうに減らない。

さらには、借金を返し終えていなくても追加で買い物ができるから、むしろ借金の残高はふえて(＝返済期間が長くなり)、ずーっと借金を負うことになる。

普段からリボを使っていて平均20万円の残高がある場合、1年で払う利息は3万円(金利15%の場合)。10年で30万円。

お金を貯めたいなら、絶対にリボ払いは使わないこと。もし**リボの残高があるなら、一日も早く返し終えよう**。そして二度と利用してはいけない。

＊返済の一例。カードによりいろいろな返済プランがある

14

その欲求は本物？ コントロールされてませんか!?

必要ない、ほしくないのにいつの間にか買わされる恐ろしい世の中だから……

買い物がやめられない「買い物依存症」。日本経済新聞のアンケートによると、日本女性のストレス解消手段のナンバーワンは「買い物」だとか。

予算を決めても、優先順位を決めても、「度を越して買ってしまう」人は、精神科医の香《か》山《やま》リカさんの次のアドバイスが有効かも。

カードの限度額を超えるほど服やアクセサリーを買ってしまう人の多くは、服を試着したとき、店員さんから「よくお似合いですよ」とほめられるのがうれしくて、つい「買うわ」と答えてしまう。買う前の緊張感と、買った直後の解放感がストレスの解消になる。でもそのあと家に帰れば自分を責め、買った服もしまい込んでしまう。

本当にほしいのは、「もの」ではなく、人からほめられたり認められたりすること。でも現実には、ほめられることはめったにないから、店員のほめ言葉を求めてお店に行ってしまう。

香山さんは「ほめられるには、自分から相手をほめよう」とアドバイスする。小さいことでいい。友人の服装に目を留めて「そのブラウス、素敵な色」とほめてみる。相手も笑顔で「あなたもそのスカーフ似合ってる」と返してくれるかもしれない。

ネットで指先のタップひとつで買い物ができるようになって、買いすぎに悩む女性はふえている。スマートフォンやパソコンを開けば、あなたをターゲットにした広告があふれてくる。必要じゃないものを「絶対買うべきだ」、ほしくないものを「あなたはこれがほしいはずだ」と攻めてくる。これに乗せられると、買っても買っても満足できず、買い続けることになる。

おはぎが食べたいときにシュークリームを食べても満足できない。**何かを手に入れて満足するには、自分が本当に好きなもの、やりたいことを知る必要がある。**

人に見せなくても、SNSにアップしなくても着たいもの、食べたいもの、行きたい場所、一緒に過ごしたい人を見つけよう。

それを知るためには、自分探検や、世の中の情報から自分を遮断する**瞑想**、自分の体と心の感覚をゆっくり味わう**マインドフルネス**などが有効だ。見つかったら、周りの評価に関係なく、冷静に自信を持って「NO」と言えるようになる。

15

こんなにも維持費が！　バカにならない！

車をローンで買い続ければ、利息だけで250万円。買うならこれで！

車をローンで買おうとしている人、ちょっと待った！　車はローンで買うのが常識、と思っているなら大きな大きな勘違いだ。すでにローンで買った人もよく聞いて！

一度ローンで車を買ってしまうと、一生ローンを背負うことになりかねない。1台目のローンをようやく返し終える頃に2台目をまたローンで買い、3台目、4台目も当然ローンで、という具合。25歳から75歳まで借り続け、その間のローン残高の平均を100万円、金利5%とすると、50年間に払う利息の合計は250万円。250万円！　利息の支払いじゃなくて、もっといいことに使いたいよね。だから、車はお金を貯めて全額キャッシュで買う。

就職したばかりで貯金ゼロ、でも仕事で車が必要というなら、1台目だけはローンも仕方ない（ただし安い中古車にしよう）。2台目からは必ずお金を貯めてから買う。

車にかかるお金って？｜普通車（1600cc）の例

ガソリン代	月1万円	年12万円
駐車場代	月1万円	年12万円
任意保険料	―――	年7万円
自動車税	―――	年3万6000円※
点検・整備費	―――	年10万円
車検費用	2年に1回15万円	年7万5000円
合　計		年52万1000円

※エコカー減税などは考慮していない

車を持つなら、もうひとつ知っておかなくてはいけないこと。それは、**車は買ったあとも、毎年お金がかかる**、ということ。毎月のガソリン代や駐車場代、保険料、税金、点検・整備、車検費用。維持費だけで、年間50万円以上かかるのが普通。将来の買い替え費用も含めると、年100万円を軽く超える。駐車場代が高い都会はもっと！

これだけのコストをかけても本当に車が必要か、買う前にじっくり考えよう。そんなに頻繁に乗らないなら、タクシーやカーシェア、レンタカーを使うのが安上がりでスマートだ。

ただし、運転免許は20代でとっておこう。地方住まいや旅行を楽しむために。

16

30歳過ぎてもずっと実家暮らしだと、ちょっとヤバイかも

29歳までに「ひとり暮らし」で経済センスをピカッと磨こう！

学校を卒業して就職しても親の家に住み続ける人は多い。「パラサイト（寄生）」。はたから見ると、優雅でうらやましいかぎり。給料が20万円だとする。家に3万円入れ、6万円貯金しても（実家暮らしなら30％貯金）、月11万円を自由に使える。家に1円も入れない人なら月14万円がお小遣い！　ブランドの服、靴、エステ、海外旅行と使い放題。ひとり暮らしの人が、家賃や光熱費を払い、食事をし、カツカツで暮らしているのとは大違いだ（私、20代はほんとカツカツでした）。

でも、落とし穴がある。しかもただの穴ではなく、落ちるとなかなか這《は》い上がれない蟻地獄かもしれない。

まず金銭感覚が養われない。自分の収入に不相応な生活を続けていると、自力で生活するという大事な能力が育たない。「彼と結婚したら生活レベルが落ちちゃう」と思えば結

婚にも踏みきれない。未婚で年をとり、親が多少の財産を残してくれたとしても、お金の管理能力がないから、それが消えてしまうのは時間の問題。

自立したい、結婚したいと思うなら親元を離れよう。なるべく早く「自分の収入で生活する」体験をしよう。限られた収入でやりくりする技術やセンスが身につく。**「ひとりでやっていける」という自信が持てる。**お金で買えない価値あるものだ。

今は給料が安くて貯金もないし、自立は無理という人は、3年以内に家を出るプランを立てて準備を始める。親にも宣言する。親が反対しても実行する（反対する親に問題がある、早く離れよう）。22歳で大学を卒業した人なら25歳、遅くても29歳までには自立したい。ここが人生の大きな分かれ道だ。

パラサイトだとこんな問題が…

- お金をコントロールする力が身につかない
- 家事が親まかせで上達しない
- 自分で決めて、行動する力が鍛えられない
- 自分の将来設計を真剣に考えない
- 結婚しにくい

17

本当にやりたいことは先延ばししないで！

時間は貯められない。やりたいことはすぐやるか、実行プランをつくる！

夢を実現するには、お金と同じように**時間も自分でコントロールする**ことが大切。

20代の頃は、時間が無限にあるように錯覚しちゃうけど、時間はお金よりもずっと貴重だ。

キャリアアップを目指すなら、仕事の能力を磨くために時間とお金とエネルギーを注ぎ込もう。仕事に直結する資格をとり、ＩＴや語学のスキルを身につける。本を読み、映画を観る。なにより、人と会って視野とネットワークを広げよう。

一方で今、恋人や友人、家族と過ごしたり、旅行したり、ひとりで静かに自分を見つめ直す時間を持つことも大切。もちろん休むことも。お金と同じように時間も、今のために使う時間と、将来のために使う時間をバランスよく配分したい。

時間はお金と違って貯めておくことができない。20代で貯めたお金は60代で使うことができる。時間は今を逃すと、とり戻せない。今やりたいことは、10年後に似た体験ができたとしても、今のみずみずしい感性で受け止めることは、きっと難しい。

何かやりたいことに出合い、それができるチャンスが来たときに、私は、「これが人生で最後のチャンスかもしれない」と考える。それを逃さないようにする。すぐ決断して行動する。29歳で会社を辞め、半年間オーストラリアに行ったのもそう考えたから。あれがなかったら、きっと今の仕事も家族もないと思う。

だからあなたも、やりたいことは先延ばしにしないで。きっと人生を変える出合いや感動が待っている。すぐに条件が整わなければ、実行計画をつくってチャンスを待とう。

お金と時間の関係って?

似ているところ

- ムダにしないで大事に使うべし
- 今と将来にバランスよく配分することが重要
- 練習しないとうまく使えない
- 20代での価値、60代での価値は違う

違うところ

- お金は貯められるが、時間は貯められない
- 時間はどんな人でも一日24時間!

Column

借金の問題はこれで必ず解決できる！

借金は不倫に似ている。きっかけはちょっとしたこと。1回だけ、のはずが、ずるずる続いて抜けられなくなる。ライフプランが狂ってしまう。夢を追いかけられなくなる。借金があるうちは、返済に精いっぱいで貯金ができない。不倫中は本当の恋人ができないのと同じ。貯金がないと、次の買い物はローンに頼らざるをえない。悪循環だ。

こうなると、「多重債務」も目の前。多重債務とは複数の金融機関に借金がある状態。A社の借金を返すためにB社からキャッシング、B社の借金を返すためにC社から、C社の分を返すためにD社……と借金が複数の会社でふくらんでいく。誰にも相談せずに苦しんで、夜逃げ、風俗ビジネス、買春、自殺という道を選んでしまう人もいる。

お金の問題は必ず解決できる。ひとりでは難しくても、専門家の助けを借りれば絶対に大丈夫。借金から自由になって新しいスタートを切ることができる。ひとりで苦しまないで、今すぐ市区町村の相談窓口や各地の消費生活センター、法テラスに相談しよう。

3章

稼ぎ力アップ！「仕事」のコツ

――心も財布も大満足！
貯まるスピードが上がる働き方

Money Tips for Women to Find Happiness

18

まずは働く！　そして好きな仕事を探し続けよう！

今は貯金ゼロでも仕事力をつければ、お金はちゃんとついてくる

今たっぷりの貯金があっても、収入がなくて使うだけならいずれは底をつく。３００万円の貯金も消える。

今は貯金ゼロでも、収入があれば少しずつふやしていける。

マネープランの基本は、働いて収入を得ること。その収入から貯金する。貯金の一部を投資する。まず大切なのは仕事力。**今の職場で「必要とされる人材」になり、会社を出ても通用する能力を身につけよう。**そのために、仕事の力や能力を伸ばせる職場、働き方を選びたい。誰でもできることじゃなくて、**私にしかできない仕事が見つかればしめたもの。**

お金はあとからついてくる。仕事力が上がれば収入もふえる。上がらないと収入は変わらない……ではなく、**減る。**これが現実だ！

仕事には、お金以外のご褒美がある。能力が発揮できる、人に認められる、誰かの役に

立つ、視野が広がる。仕事でこそ味わえる喜びだ。

お金のためにだけ働くのはむなしい。今すぐには実現できなくても、いずれは「好きなことで稼ぐ」を目指したい。一日の大半、人生の大半は働いて過ごす。好きでもない仕事を選んだら、人生のほとんどを「我慢とあきらめ」で塗りつぶすことになる。

働けばお金は貯められる！

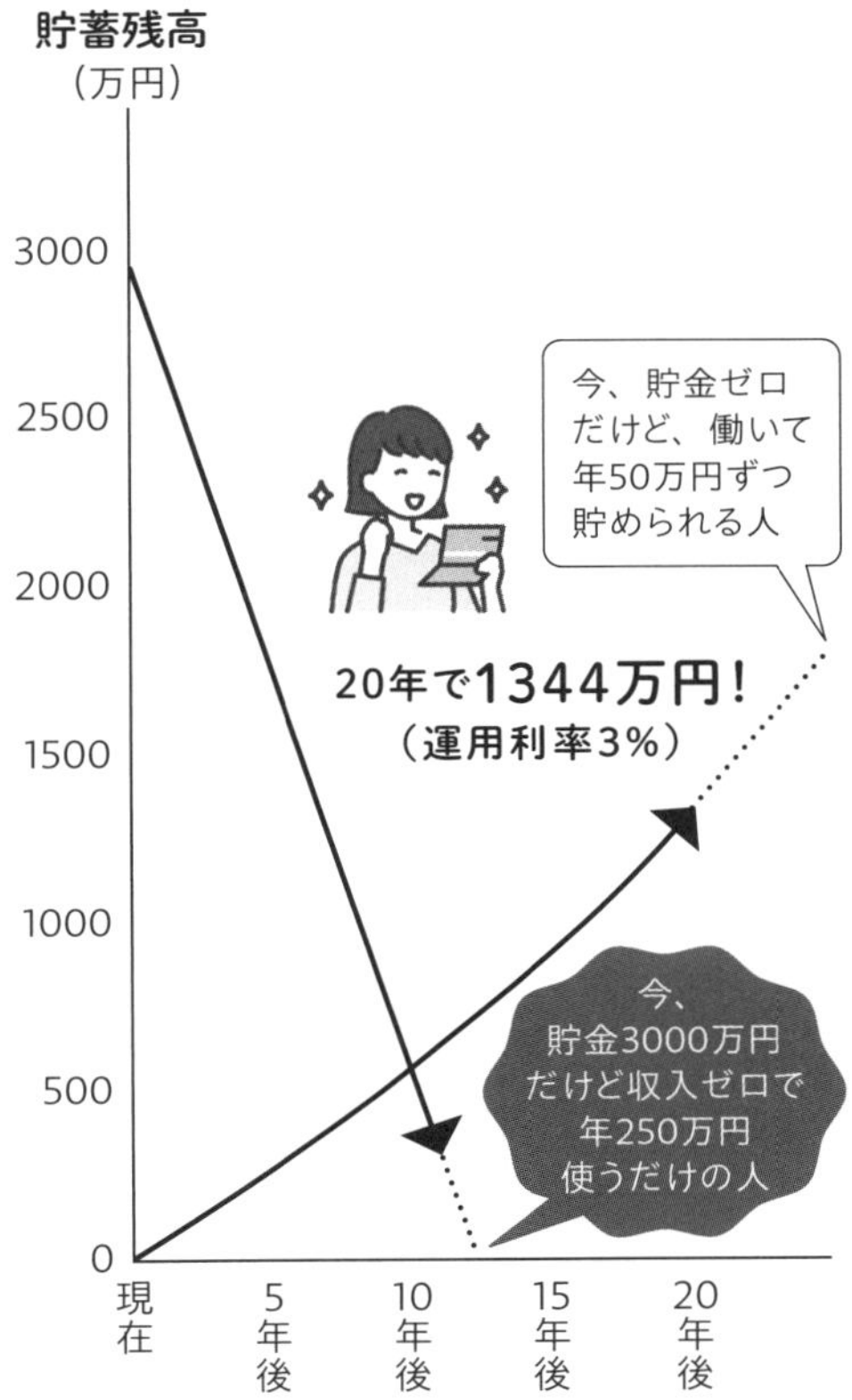

19

〝自分のペースで心地よく〟が、続く秘訣

結婚してもしなくても「一生働く」。そのために今やるべきこと

専業主婦になりたい、と願う女性は減っているらしい。卒業前の女子大学生を対象にした2023年の調査*1によると、夫が働き妻は主婦という家庭を望む女性は7％。2016年は20％弱だったというから、半分以下に減っている。

女性の人生には専業主婦という選択もある。1980年くらいまでは、夫だけが働き、妻は専業主婦というスタイルが主流だった。それで経済的にも成り立った。片働きでも家を買い、子どもを大学に進学させ、老後のためにも十分蓄えられた。

だけど**時代は変わった**。住まいは値上がりし、教育に高額なお金をかけるようになった。デジタルの出費がふえた。退職金も公的年金も減っている。

すべての支出を夫ひとりの収入でまかない、老後のためにも蓄えられるのは、一部の高額所得者に限られる。中流の収入だと苦しい。マンションを買って子どもを持たないか、

子どもを持ってマンションをあきらめるか、悩んで相談に来たカップルもいた。

専業主婦を目指していても、理想の相手にめぐり合えず、シングルで働き続ける可能性もある。今40歳女性の5人にひとりは独身*2で、この割合はふえ続けている。

「子どもが手を離れたら、なんのために生きているのかわからなくなった」と虚しさを感じる40代、50代の女性も少なくない。結婚後に「この人を選んだのは間違っていた」と気づいても、専業主婦だと離婚にふみきれず、苦しみ続けることがある。

2011年から数年アメリカに住んで気づいた。カップルの2組のうち1組が離婚するこの国では、誰も「結婚＝経済的安定」と思っていないということだ。納得。

経済力を持つことは生きる力を持つこと。心も生き方もずっと自由になる。

結婚するしないにかかわらず、最初から「一生働く」ことを前提に人生設計を立てよう。いったん辞めたり、休職したりしてもいい。疲れたら休む。勉強するために休む。ペースを調整しながら、が長続きのコツだ。これは、男性にも当てはまる。

十分な経済力があれば、パートナーがキャリアチェンジのために大学院で勉強するときや、リスクある起業をするときに応援して、一時的に養う側になることもできる。

仕事は一生続けると覚悟を決めれば、仕事への向き合い方が変わってくるはずだ。

＊1 株式会社ディスコによる調査。2023年春 ＊2 国税調査、2020年

20

与えられた仕事を全力で！

30代で大きな差がつく「20代の仕事の仕方」

就職したらまず、与えられた仕事を一生懸命やってみる。

最初から面白い仕事、やりたい仕事をやらせてもらえることはない。でも、つまらなく思える仕事からでも、得られるものはたくさんある。

会議資料のコピーを頼まれたとする。正確に美しく必要な枚数をそろえるのは仕事以前。「なんのプロジェクトだろう?」「どんなデータを使っている?」「結論への導き方は?」と興味を持ってみ見れば、会議出席者より多くのことを学べるかもしれない。

会議後は「どうなりました?」と聞いてみよう。何も考えずに、言われたことだけをこなしていては得るものはない。指示され、期待された以上の仕事をこなすと、新しい仕事、レベルの高い仕事を任されるようになる。どんどん仕事が面白くなる。

目の前の仕事を全力でやる。すると、**自分が得意なことや好きなことがわかってくる。**

これが仕事で成功するための第一歩。好きな仕事なら、苦労も乗り越えていけるし、長く続けることができる。「一生懸命やっても好きになれない」「向いていない」と気づいたら、それも収穫。苦手なこと嫌いなこととは、違う方向に進めばいい。

私は最初の就職先でプログラマーとして仕事をした。コンピューターやプログラミングの基本を1から教えてもらった。一生懸命やったが、その仕事には興味が持てず、向いていないことがわかった。だから、友人たちに刺激されて興味を持った金融へ転職した。でも、最初の職場で覚えたことは、新しい仕事で役に立った。フローチャート式考え方やプログラミングの基礎をマスターしたことは、FPとして大きな強みになった。

就職して3年くらいは、給料をもらいながら仕事を教えてもらえる、ありがたい時期。基礎をしっかり身につけよう。ビジネスの仕組みを学び、人脈もつくろう。

そして、次のステップに進む。やりたい仕事、面白そうな仕事に**「私にやらせてください」と手を挙げる。**新しい企画を提案する。自分の意見を発信する。

最初からうまくいくことはまれ。笑われるかもしれないけど、そんなの気にしない。仕事力をつけたら、その会社で昇進するのもいい、転職するのもいい、独立するのもいい。仕事と人生の選択肢がぐんと広がる。**挑戦する人にとって、仕事は面白い。**

21

悔しさが飛躍の起爆剤となる!

仕事で力不足を感じたら、ステップアップのビッグチャンスだ

仕事をしていると、「専門知識が足りない」「パソコンが苦手」「もっと英語ができたなら」などと感じることがある。自分の力不足を感じるときこそ、ステップアップのチャンスだ。

専門書を読もう。セミナーに参加しよう。ネットをフル活用しよう。必要な知識やスキルを身につければ、ワンランク上の仕事ができるようになる。

仕事を続けていくには「自己投資」が不可欠。自分の能力を高めるために、お金や時間、エネルギーを使う。自分の能力が上がると、仕事はさらに面白く(かつ大変に)なり、収入もふえる。特に20代、30代は投資の効果が大きい。

私もいろいろやってみた。20代でバイリンガル秘書講座、ラジオ英会話、異業種交流会、経済・金融セミナー、カラー診断、メイクアップ講座、上手な写真の撮られ方。

同じような飲み代でも、どっちでしょう?

- 一緒にプロジェクトをやった社外の人と会食
- 自己啓発セミナーの帰りにバーで情報交換

- いつもの仲間とカラオケで会社のグチ
- 合コン
- ひとり酒

30代以降も、声楽、ピアノ、ヘブライ語。英語は好きなのに単語力がなかったので、「本を一冊、翻訳したら力が伸びるかも」と、面白そうな英語の本を一冊見つけ、小さな出版社に提案した。企画が通り、1年かけて翻訳した本が出版されたときは、うれしかった。現在、英語でFPサービスができるのは、このアクションのおかげだ。

勉強だけが自己投資じゃない。**いろんな人と積極的に交流しよう。**同じ職場の人とばかり付き合っていたら、世界は狭くなる。結婚も遠のいちゃう。

違う会社、違う業種、違う年代、違う国籍、**自分と「違う」人たちと会って友達に**なろう。その人たちの価値観、考え方、仕事の仕方、生き方を知ることで、新しい視点や柔軟な発想が得られる。グローバルな視野は、仕事に欠かせない。

私は、キリスト教関係のインターナショナルな集まりで、いろんな国の人と知り合った。アメリカ、イギリス、カナダ、ブラジル、フィリピン、オーストラリア、中国、韓国、インドネシア、タイ、ガーナ、イスラエル、スリランカ、インド……全部は書けない。彼、彼女たちとの交わりは楽しいだけじゃなくて、たくさんの刺激と気づきがある。

今、自分に足りないもの、必要なものはなんだろう。その弱みを強みに変えるにはどうしたらいいだろう。まず考える。手段を選ぶ。そしてすぐ行動しよう。

半年後、1年後の、実力アップして輝く自分をイメージしてね。

22

自分に自信を持って、健康でセクシーに！

美容もいいけど健康に投資するほうがずっといい成果がある

昨今、女性の美と若さの追求は恐ろしい。

高級化粧品、美しくなるサプリメント、自宅エステの機器が売れ、目や鼻の整形、豊胸、シワ取り、脂肪取り……といった美容医療も人気だ。

ファッションや美容業界が「そのままのあなたではダメ。ヘアスタイルはこう、服や持ち物はこう、顔も少し整形してこう化粧したら、ずっと魅力的になって、人生も人間関係もうまくいくよ」というメッセージを送る。それは嘘。

ほかの誰かのようになろうとするのではなく、自分の魅力に気づくことが大切だ。

私は魅力的だ！　と自信を持とう。自信を持つと内側から輝いてくる。人との接し方も、オシャレの仕方も変わってくる。そのためには友人同士で**互いにほめ合うといい**。見た目だけじゃなくて、性格や能力のいい点を口に出して表現しよう。

日本人女性が抱える深刻な問題は、**「年をとると女性としての価値が減る」という嘘**を信じていること。２０１１年からアメリカでしばらく暮らしたとき、黒人女性の美しさに感動した。特別に美人じゃなくても、太めでも「私、魅力的でしょ」と自信にあふれている。笑顔が素敵で優しくて強い。ファッションは個性的。自分をどう演出すればいいのか知っている。孫がいる女性も、胸の谷間を見せるカラフルなドレスをまとってセクシーだ。

30代、40代と年を重ねて美しくあり続けるには、体と心の健康を保つことだ。仕事をするにも、恋をするにも、旅行を楽しむにも、健康と体力が必要。その方法はシンプル。**運動と食事と休養**の３つだけ。楽しめる運動を見つけて続けよう。体を動かすとストレスの解消になるし、頭の働きもよくなる。私は、20代からずっとスポーツジムに通っているが（会費は自己投資費）、最近は太極拳にはまっている。気持ちいいよー。体幹が鍛えられて姿勢がよくなり、仕事の集中力も増した。

以前、30歳の友人にオーストラリア旅行を勧めた。帰国した彼女はこう言った。「女の人が誰も化粧や服に気を遣ってなくてびっくりした。なんだ、それでいいんだとすごく楽になった！」。外国に行く、外国人の友達を持つことが、いろいろな「思い込み」「息苦しさ」「呪い」から解放してくれることもある。

23

資格は「すぐ活かせる」を条件に。取得しただけで終わらせない

仕事に結びつかない資格も多い。資格コレクターにならないで！

自己投資というと、イコール資格取得と考える人がいる。

もちろん、今の仕事にすぐに役立つ資格をとるのはいいことだ。給料に資格手当てが上乗せされる会社もある。さらなる収入アップ、キャリアアップもねらえるだろう。

問題は、資格をとるだけで終わってしまうケース。女性に多い。「就職や転職に有利」という宣伝に乗せられて高い受講料を払い、一生懸命勉強して資格をとってもなんのプラスにもならないことがある。資格をとったことだけで満足してしまう人もいる。

20代前半までなら、資格が就職や転職で有利に働くこともある。しかしそれ以後は実績が大切。**資格はあっても経験や実績がなければアピール度は低い。**たとえばFP資格は、金融機関への就職・転職にはある程度有利かもしれない。しかし独立したい場合、資格があるだけでは仕事の依頼は来ない。実績がない人に仕事を頼もうなんて誰も思わないから。

資格をとるなら、今の、あるいは今までの仕事に関連していて、今までの経験や実績が強みとなるものを選ぼう。まったく別分野の資格に挑戦するなら、本当にそれで就職できるか、実際にその資格で仕事をしている人に会って話を聞いてみよう。自分の人脈やＳＮＳを使って探してみよう。もし、そんな人を見つけられない、話を聞けないというなら、その仕事をあなたは本当には知らないということだ。だったら、その資格取得はやめておくのが懸命だ。シビアに見極めよう。

YESが多いほど取得価値大! 資格取得チェックリスト

- □ 今の仕事で、この資格がないと困る
- □ 今の仕事で、すぐ役立つ
- □ 今の仕事で、資格手当がつく
- □ 転職するために絶対必要
- □ この資格がないと就職できない
- □ この資格がないと独立開業できない
- □ 「これを勉強したい!」という目的がはっきりしている
- □ この資格で仕事をしている人の話を聞いて納得した

24

仕事ができる人は休み上手

年に2回の長期休暇で、人生にリフレッシュと心地いいサプライズを

年に2回は、長期休暇をとりたい。

フランス駐在経験のある人が言っていた。日本に来ていちばんつらいのは、休暇が短いことだと。フランス人は、バカンスの合間に仕事をしている感じがするそうだ。

あるオーストラリア人は、「休暇の1週間目は体を休める、2週間目は心を休める作用がある」と。理想は、体も心も休めるために、連続2週間の休暇を年2回はとりたいね。

しばらく前、2週間の休みをとってイスラエルでのスタディー・ツアーに参加した。そこで会ったスイス人カップルは、ツアー後にもう2週間滞在してゆっくり楽しむと言っていた。いいなあ。

柔軟な思考を保つには、日常とは違う時間を持つことが必要だ。毎日同じ生活では、新しい発想は生まれない。手っとり早いのは生活の場所から離れること。日本脱出だ。でき

ればひとりで。あるいは恋人か、気心の知れた友人とふたりで。まったく違う文化の国へ行き、違う空気に触れ、食べて、聞いて、**現地の人と交流しよう**（英語で日常会話ができれば十分）。こんな暮らし方があるのか、こんな考え方をするのかと、新鮮なショックを受ける。時間がゆっくりと流れているのにびっくりする。狭い常識や固定観念にとらわれて凝り固まっていた心と体が、解き放たれる。

ただし**買い物ツアー、グルメツアーでは効果はない**。

海外旅行は夏休みや正月前後のハイシーズンを避けて、格安チケットを使えば、安く上がる。お勧めは近くて時差もなく物価も安いアジア（円安は海外旅行の敵だ！）。

休暇をとるとなると、上司や同僚の目が気になるかもしれないが、普段きちんと仕事をしておいて文句は言わせない。少々の嫌味は聞き流そう。休んだ分、帰ってからまたしっかり働けばいい。

仕事にはその人自身がにじみ出る。たくさんのことを経験して視野を広げ、新しい価値観を吸収することは、きっと仕事にもプラスになる。

さあ、思いきって、行きたい国に旅立とう！

長期休暇の上手なとり方

1 行きたい場所と時期を決める

➡

2 予算を立ててお金を貯める（借金はNG！）

➡

3 行き先の情報を集める（雨季や台風シーズンは避ける）

⬇

4 仕事の段取りをつける（仕事が一段落した時期を選ぶ）

⬅

5 早めに上司に申し出て許可をもらう

⬅

6 休みの前はいつも以上に一生懸命働いてアピール

⬇

7 いざ、休暇へ！

➡

8 休暇後はしっかり働く。自慢話をしない。少々の嫌味は気にしない

➡

9 次の休暇を計画！（1に戻る）

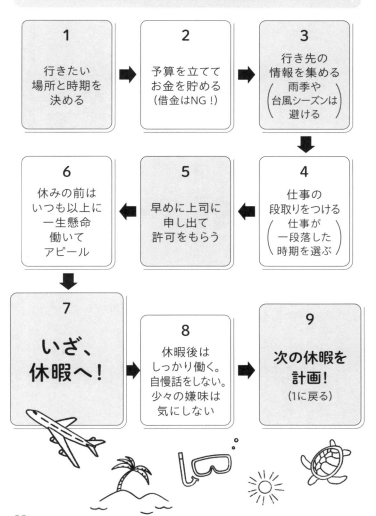

25

自分の能力を伸ばせる仕事へ！

逃げの転職で給料も生活もジリ貧。攻めの転職で人生に勝利

転職が成功するかどうかは、転職の理由が「逃げ」か「攻め」かで決まる。

「仕事がつまらない」「上司が嫌い」「人間関係がうまくいかない」など、会社への不平不満から転職を考えているなら、それは「逃げ」だ。

世の中には100パーセント希望どおりの職場なんてない。どこに行っても人間関係には問題がつきもの。「〜がいやだから」というマイナス思考から次の会社に移っても、別のいやなことが出てくるし、そこでまた逃げれば逃げ癖がつく。逃げの転職を繰り返すと実力がつかないまま年だけとって、給料も待遇もどんどん悪くなる。**今の会社で「自分はがんばれるだけがんばった」と言いきれるまで、転職は待ったほうがいいだろう。**

ただし「セクハラ」や「パワハラ」には断固として立ち向かって！　同僚の助けを借りて、担当部署や問題上司のさらに上の上司に直訴して解決しよう。長時間労働を強要する

ブラック企業なら、労働基準監督署に訴える。自分を守るために逃げる。

一方、今の会社で全力を尽くしたうえで、「もっとやりたい仕事ができる」「自分の専門性を生かしたい」「自分に合った働き方がしたい」というのは「攻め」の転職。こちらは自分の能力を伸ばせるから、今まで以上に成果を上げて収入がふやせる。あるいは収入は減っても充実感、満足感が上がる。成功といえる転職だ。動機が「逃げか攻めか」見極めよう。

ところで、**「忙しくて転職活動できないから、辞めてから探す」というのはダメ。**能力や経歴が同じなら、退職して現在無職の人より在職中の人を企業は採用する。働きながら転職サイトに登録し、アドバイザーに相談し、早退や休暇を使って活動しよう。

YESが多いほど成功の可能性大！転職チェックリスト

- [ ] 今の仕事より もっと面白い仕事に チャレンジしたい
- [ ] 今の会社で認められている技能がある
- [ ] 今の会社で 上司の信頼が厚い
- [ ] 会社の外に 人脈がたくさんある
- [ ] 貯金が 50万円以上ある
- [ ] 幅広い情報力に 自信あり。本を週に1冊は読む
- [ ] 経済の動きに 敏感なほうだ

26

自分に合ったスタイルを選ぼう

独立・起業はゴールではない。やりたい仕事をするための手段

会社に雇われて社員として働くより、独立したり、起業したりして自由に働きたいと考える人がふえている。資金がなくても株式会社がつくれる。パソコン1台でできる仕事もある。手頃なシェアオフィス（コワーキング・スペース）もあちこちにある。２０００年頃からの起業ブームはずっと続いているようだ。

やりたいビジネスを自分でやるのは面白い。社員から社長になれば、視点が百八十度変わるから、世界が違って見える。成功すればミリオネアも夢じゃない。働き方を自分で決められるのも、女性にとってはメリットだ。

とはいえ、安易な起業はやめなさい。**起業は誰でもできるが、継続するのが難しい。**カフェやサロンを開いたものの、売り上げが伸びず、半年もたずに廃業する例は少なくない。失敗して借金を抱えるリスクもある。

雑誌やネットの「女性起業家特集」では、一部の大成功例を除いて、売り上げや収入が記載されていないことがある。ほとんど売り上げがないケース、全然儲かっていないケースがたくさんあるからだ。

起業するなら、銀行に見せられる事業計画を立てる。最低限の資金は貯めておく。開業資金は業種によって違う。ネットサービスならパソコンと電話があれば始められるが、オフィスや店舗を構えるならまとまった費用がかかる。人を雇うならもっとかかる。開業後、入金があるまでの運転資金や生活資金も必要だ。

私の経験から言っても、ビジネスが回りはじめるまでにはある程度の時間がかかる。私は3年だった。**1年間は売り上げがなくても仕事を続けられる資金と、生活費分は準備しておこう。**

起業セミナーなどを受講して情報を集め、専門家や起業の先輩に相談しよう。現実的な資金計画をつくり、人的ネットワークも築こう。

ただし、十分な能力と経済力があっても、組織のなかにいたほうが実力を発揮できるタイプの人もいる。組織にいてこそできる仕事もある。自分は独立に向いているか、それとも組織向きか、友人や先輩や家族に意見を聞いてみよう。

27

身分が不安定な仕事は、長く続けないほうがいい

「派遣・契約」は正社員を目指そう。時給仕事は長くはダメ

学校卒業後、希望する会社に採用されなかったり、就職しても辞めてしまったり、あるいは自由だからという理由で、派遣社員や契約社員、アルバイトとして働く人も多い。20代前半は正社員も給料が安いので収入にあまり差はないが、20代後半、30代となると差が開いてくる。

問題は、年齢が高くなるほど派遣などの仕事は減ること。不況になると仕事がなくなる。身分も収入も不安定だから、将来の見通しが立てにくい。

これを解決するために、何をすべきか考えてみよう。**「時給いくら」の仕事を続けても将来はない**。時給2万円以上の同時通訳など、高度専門職なら話は別。

いちばん現実的なのは、正社員として一度就職すること。正社員は、働き方の自由度は低いが、仕事の実力をつけて独立や起業すればいい。派遣、契約、アルバイトから正社員

登用の道がある会社もある。そこをねらうのもいい。使えるコネや人脈はフルに使って、今すぐ就職活動を始めよう。自分の仕事歴にプラスすると武器になる資格があれば、お金と時間をかけて取得しよう。就職できれば十分、元がとれる。

ハローワークに相談し、キャリアプランナーなどのアドバイスを受けるのもいい。全国の地方自治体には、就職やスキルアップを応援する就職支援センターがある。名前はいろいろ。専門家に相談すれば問題点が整理され、冷静に自分を分析できる。状況に合った行動をとれる。すぐにうまくいかなくても、あきらめない。

よくないのは、何もしないまま解決を先延ばしにすること。年齢が上がってキャリアがともなわないと、選択肢が減って動きづらくなる。時間はない。行動あるのみ！

正社員を目指すときの相談先

ハローワーク インターネットサービス
https://www.hellowork.mhlw.go.jp

東京しごとセンター
https://www.tokyoshigoto.jp

28

50歳で新しい世界が開けることもある!

天職や本当にやりたい仕事はいつ見つかる? どう見つける?

「これは本当に自分がしたい仕事だろうか」と悩むことがある。20代も後半になると「早く自分にピッタリの仕事を見つけたい」と、あせってしまう。30代ならなおさら。

私もそうだった。でも25歳のとき、いろいろな職業を経てアメリカで不動産業を始めた日本人女性から、「私は40歳になって初めて天職に出合ったわ」という言葉を聞いた。そうか、天職って20代で見つからなくてもいいんだ! 最近も、「子どものために仕事がしたい」と、50代になって会社を辞め、虐待児のシェルターを運営するNPOを立ち上げた男性に出会った。ドイツの映画監督レニ・リーフェンシュタールは、70代でスキューバダイビングのライセンスをとり、水中写真・動画を撮りはじめた。100歳で映画を公開し、101歳で亡くなった。私はモルディブ旅行中で、海から上がってくる90歳の彼女に遭遇。20歳は若く見えた!

人の役に立つ？
お給料重視？
10000
場所は？
なければ
つくったっていい！
続けられる？

天職はきっと一生かけて見つけるものだ。自分に向いていないと思った仕事を一生懸命やるうちに、好きになり、人にも認められて一生の仕事になることもある。

働くうちに、やりたい仕事がどんどん変わっていくこともある。年をとってから「これ！」と思う仕事にめぐり合う人もいる。

今の仕事に真剣に向き合いながら、「何が好きか」「何をしたいか」と自問しつづけよう。**あせらず、あきらめず、探し続けよう！**

私は、23歳から始めたFPの仕事が好きだ。面白くてやりがいがある。途中でこのキャリアを続けるかどうか悩んだが、悩んだことは結果的によかった。自己分析をして市場を見て、将来をじっくり考えることができた。

5年間住んだアメリカでは、障がいのある子どもをサポートする仕事に挑戦し、それまで味わったことのない喜びを体験した。帰国して同じような仕事を探し、FPと並行して数年間続けた。楽しかった。

私が大学生のときは、日本にFPという仕事はなかった。未知の仕事に挑戦したら道が開けた。社会や技術が変わり、新しい仕事がどんどん生まれている。AIの登場で仕事のあり方は猛スピードで変わっていくだろう。

いつでも新しいことに挑戦できる**柔軟な頭と体を持ち続けよう。**

Column

経験ゼロから女性FP第1号に！ 私のキャリアの磨き方

私の高校時代からの夢は質素だった。「自分で稼いで食べられる人間になること」。大学では経済を勉強したのに、卒業して入社した会社ではシステム開発の部署に配属されてがっかり。1年勤めたら **「この仕事には絶対に向いてない」** と確信した。

そんなとき、転職雑誌の「ファイナンシャルプランナー募集」というページを見てピンときた。金融の世界で中立的なアドバイザーとして働けるのは魅力的！ しかも、アメリカ帰りの30代社長が興した会社なら面白いはず、とすぐに転職を決めた。

若い小さな会社で、いろいろな仕事をやらせてもらった。教えてもらうのではなく、仕事そのものから学ぶことを身につけた。世の中には、「Employer（雇う人）とEmployee（雇われる人）」の2種類があるということも、ここで知った。

29歳で「これが本当に私のライフワーク？」と疑問を感じて退職し、オーストラリアに行ったのは、40ページのコラム「人生が決まった！ 私の20代『最大の収穫』」でお話ししたとおり。会社を辞める前にやったことがふたつある。

ひとつは、有限会社をつくって登記したこと。「将来何かの役に立つかもしれないから、有限会社をつくっておくといいよ」という友人のアドバイスに、軽い気持ちで従ったのがラッキーだった。

もうひとつは、最初の単行本を出版したこと。仕事の一部で書いた雑誌のマネー記事が出版社の目に留まり、依頼を受けたのだ。原稿を書いていたときは退職を考えていなかったけれど、退職の直前に本が出せたのはとてもラッキーだった。プロフィールに「著書『ワーキングウーマンの㊢MONEY BOOK』」と書けるのだから。

5カ月滞在したオーストラリアから帰国したあと、仕事を探したが、なかなか「やりたいな」という仕事が見つからない。どうしようかと考えていると、単行本を見た人たちから、講演や執筆依頼の電話が何本かかかってきた。えっ？

「自分で仕事をやってみようか」と考えはじめた。その頃、有限会社設立のとき名前を貸してくれた友人がちょうど退職して、自分も独立してやってもいいと言ってくれた。貯金をおろして事務所を借り備品を整え29歳で「有限会社アルファ アンド アソシエイツ」設立。30歳で営業開始。多くの人が支えてくれて、今日に至っている。

あなたも本気で動いたら、きっとサポートしてくれる人たちが現れる。

4章

スッキリ賢く「預ける・管理する」

——4つの口座で整理！
勝手にぐんぐんふえる仕組みをつくる！

Money Tips for Women to Find Happiness

29

貯金上手な人は必ず〝先どり〟している!

グーグー寝てても貯まる仕組み! いちばん簡単な「積立」スタート!

お金を貯めるにはどうしたらいいか。心理面の話は2章でしたから、今度はテクニック。「貯まる仕組み」をつくるのがコツだ。最初の手続きはちょっと面倒だが、一度つくってしまえば、あとは寝ていてもお金はひとりでにふえてくれる。コツはふたつ。

ひとつ目は、「積立」をすること。

ふたつ目は、目的に応じて口座を分けること。

毎月決まった額を自動的、強制的に積み立てれば確実に貯まる。簡単にふえる。お金上手な人は、この仕組みを例外なく実行している。ポイントは、使い込む前に貯めること。「給料天引き」や「自動積立」で、貯める分を〝先どり〟して積み立てよう。

勤務先に財形貯蓄や社内預金の制度があれば、利用しよう。積立額が給料から直接「天引き」されるから、残高不足で積立不可能ということがない。天引き分は最初からないと

シミュレーション！
今、積立を始めれば10年で420万円の差が！

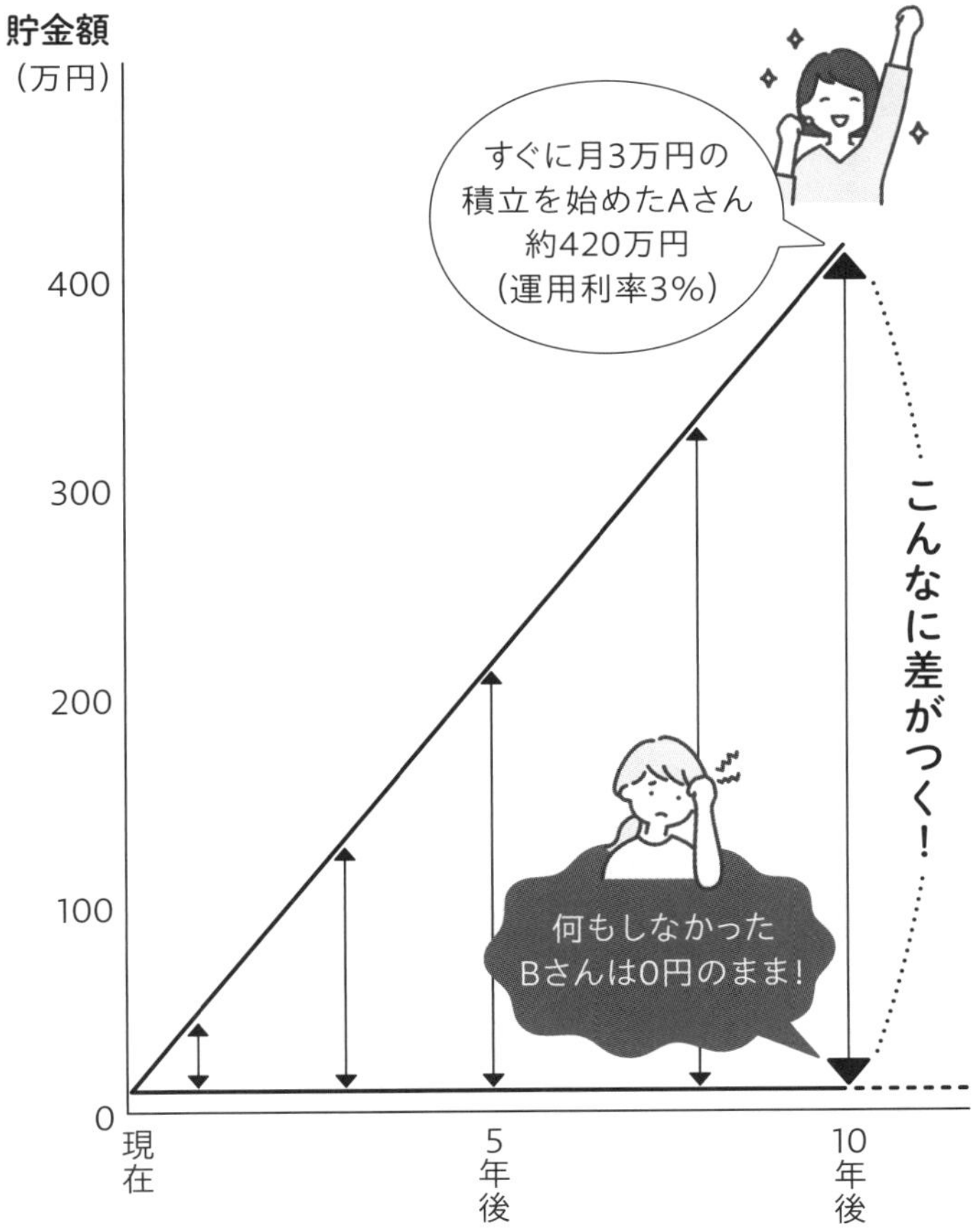

“先取り”で貯める2つの方法

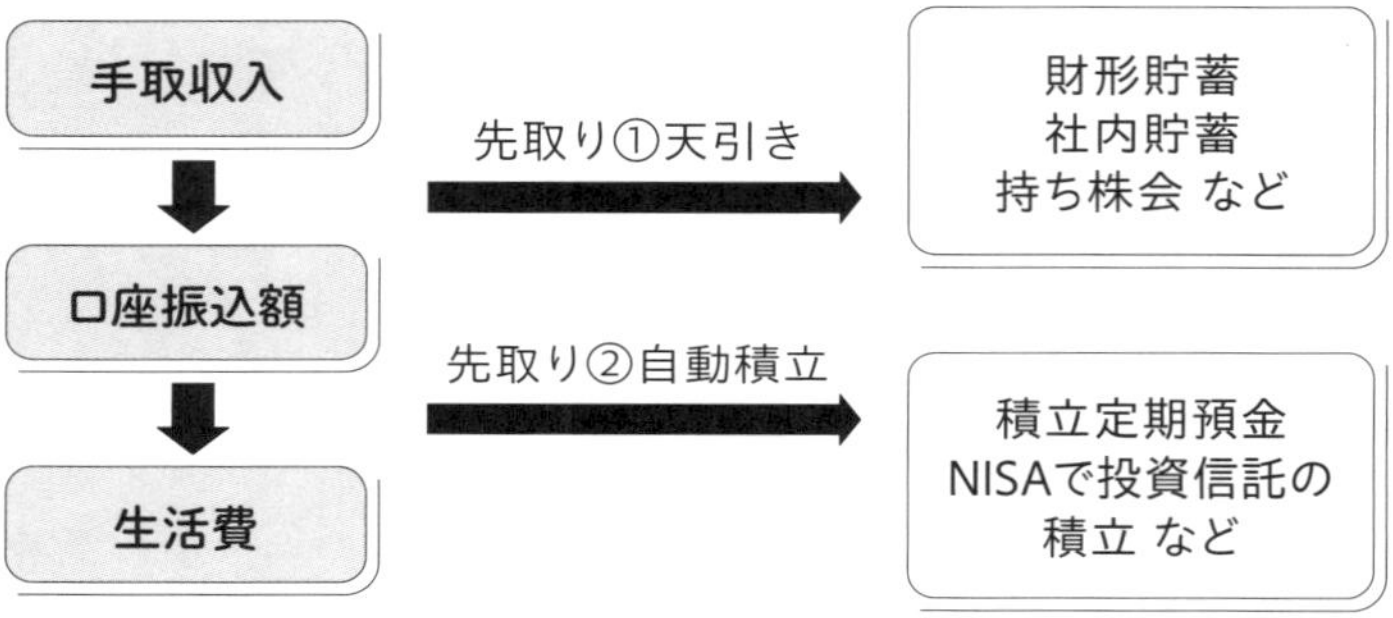

先取り②の自動積立は、振替日を給料日の翌日に指定すれば
残高不足の心配がなく、天引き同様、確実に貯められる。

思えば、残ったお金でどうにかやりくりできる。

勤務先に天引き貯蓄の制度がない人や自営業、フリーランスの人は、銀行、証券会社などの自動積立を利用する。毎月指定した日に、指定した金額を口座から自動的に定期預金などに振り替えてくれる。振替日を給料日の翌日に指定すれば残高不足の心配がなく、天引き同様、確実に貯められる。月３万円を金利３％で積み立てたら1年後は37万円、5年後は１９４万円、10年後は４１８万円！ 時がたつほど利息が利息を生んで、ふえ方が加速する。これが「時間を味方につける」ということだ。

時間という武器を持っているのが20代。30代でも十分間に合う。はるか遠くに思える１０００万円も、必ず達成できる。収入アップで積立額をふやせば、ふえ方はスピードアップするよ。

30

目的別に口座を使い分けるテクニック

「4つの口座」で面白いほど貯まる！お金管理の基本スタイル

ふたつ目の貯めるコツ。目的に応じて口座を使い分ける。とっておきの方法をお教えしよう。

次の「4つの口座」を使い分ければ、手間をかけずに管理ができて貯蓄も確実にふえる。まず、各口座の目的を理解しよう。

①生活費口座

日々の生活費を管理する口座。給料の振込口座（普通預金）をあてる。

給料が入金されたら、決めた額をほかの3つの口座へ振り替える。自動積立を活用しよう。この口座のデビットカードが日々の支払いの主役。

家賃の支払い、公共料金やクレジットカードの引き落としもこの口座に集中させる。こうすれば、通帳だけでもおおざっぱに家計を管理できて便利だし、家計管理アプリと連携すれば1円のもれもなく、収入と支出を管理できる。

②緊急口座

その名のとおり、予想外の出費に備えるための口座。急な帰省の費用、スマートフォンの修理代もここから。金額は生活費の1～3カ月分が目安。

③とり分け口座

特別支出用のとり分け口座。「特別支出」は、賃貸住居の更新料や年払いの保険料など、毎月はかからないが1～3年単位で考えると必ずかかる費用のこと。パソコンの買い替えや友人の結婚式のお祝い、旅行費用もここから。

これは貯金というより、使うための「とり分け」だ。金額はライフスタイルによって違うが、普通は年収の10～20％くらい。

④ふやす口座

将来のために積み立てて、ふやしていく口座。これこそが貯金だ。

給料天引きの財形貯蓄や、積立定期など「安定型の商品」と、NISA口座の「投資型の商品」を組み合わせるのがお勧めだ。NISAは次章で紹介する。

それぞれの口座について詳しく見てみよう。

4つの口座でラクラク管理上手!

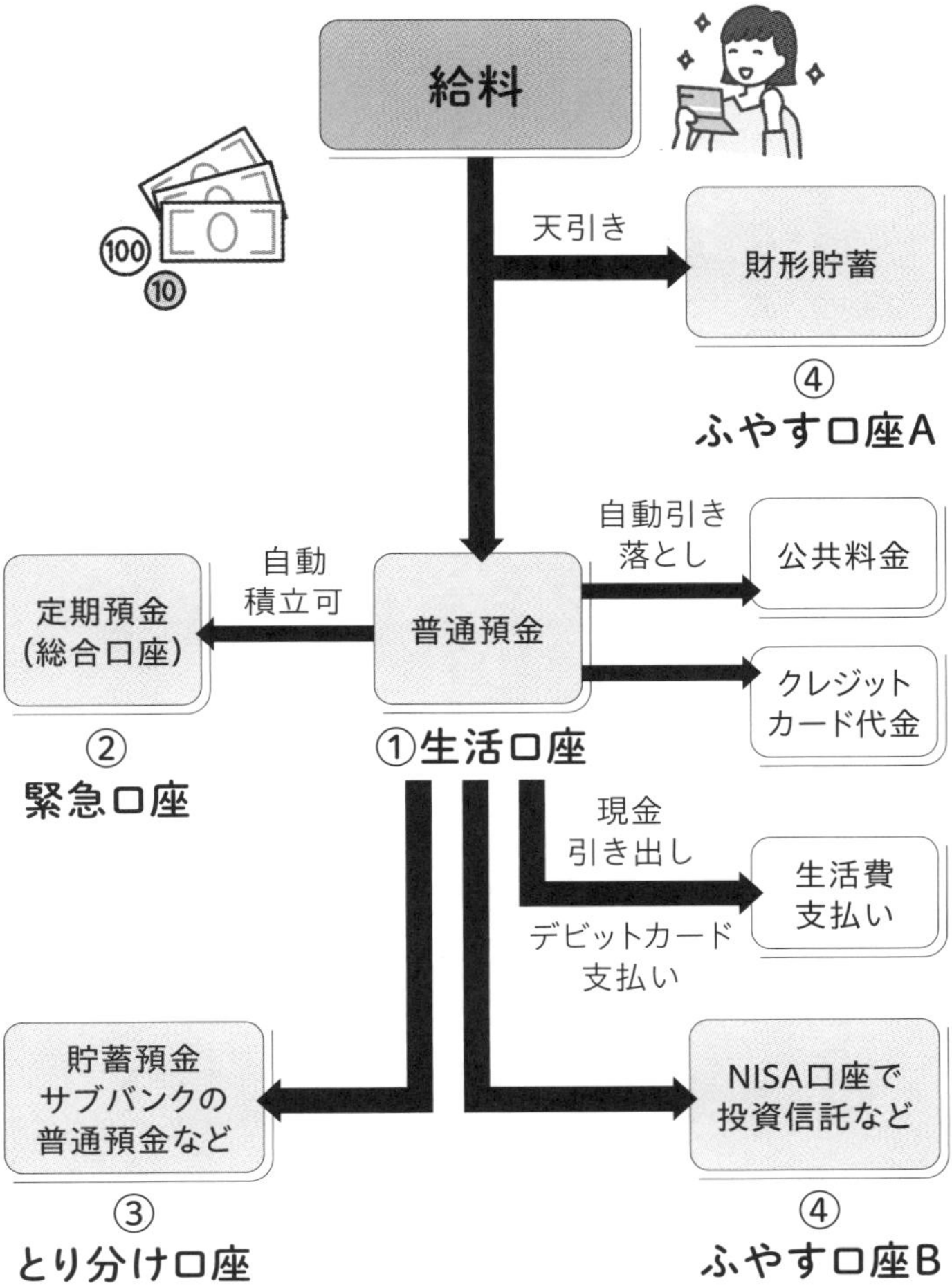

31

1カ月の生活費だけをここに残す

「生活口座」は日々の生活費を入れて財布感覚で使う

生活口座はその名のとおり、日々の生活費を入れておき、財布感覚で使う口座。

会社員なら、給料が振り込まれる口座をこれにあてる。自営業、フリーランスの人は、売り上げが振り込まれる「仕事口座」とは別に生活口座をつくり、自分が決めた一定額を毎月（給料のように）、仕事口座から振り替えると管理しやすい。

給料が入金されたらすぐ、ここから決まった額をほかの3つの口座へ振り替える。自動積立や振替のシステムが使えるはずだから活用しよう。こうすると、この口座には、**その月に使い切っていい生活費だけが残る**。これで「使いすぎ」を防げる。月の前半に使いすぎたら最後の週は断食する覚悟で。

クレジットカードで買い物の支払いをしてはいけない。翌日の給料からの前借になるからね。

食費や交際費などの生活費は、この口座のデビットカードで払うか、現金を引き出して使う。

プリペイドのPAYアプリにチャージして払ってもいい。

ここに取引を集中させれば、通帳ひとつでおおざっぱに家計を管理できる。

32

貯金ゼロなら、真っ先にこれを貯めよう

「緊急口座」に生活費の3カ月分を確保しよう

病気やケガ、失業など、いざというときに備える「緊急費」だ。人生には緊急事態がつきもの。

急にまとまったお金が必要になったとき、貯金がないと身動きできない。そんなときでも絶対にクレジットや借金に頼ってはダメ！　私は長崎の母が半年入院したとき、月に一度の帰省費、約4万円をこれでまかなった。貯めててよかった。

緊急費は常に生活費の3カ月分をキープしたい。今貯金ゼロなら、まず1カ月分を貯めよう。月収の15％を貯めれば7カ月で達成できる。**30歳以降は3カ月分必要だ。**

緊急費は、必要なときにすぐ引き出せることが大切。定期預金にして「総合口座」（119ページ参照）にすれば、定期預金残高の90％までは普通預金のキャッシュカードで、貸し越しの形で引き出せるから便利。郵便局の定額貯金でもいい。

ただし、ATMでの現金引き出しは、犯罪予防のために一日の上限が50～100万円、または本人が設定した額まで、となっているので気をつけよう。

使ったら、減った分を計画的に補充することを忘れずに。

33

これを怠ると貯金はなかなかふえない！

「とり分け口座」に使う予定のお金を一時的にとり分ける

「毎月貯めているのに貯金が全然ふえない」という人がいる。確かに貯めてはいるが、その一方で頻繁にとりくずしているからだ。

帰省、友人の結婚式、部屋の更新料、海外旅行、パソコン……これらの費用は、毎月ではないが1～3年単位で見ると必ずかかる。ここではこれを「特別支出」と呼ぶ。とり分けは純粋な意味の貯金ではない。使うために一時期だけとり分けておくものだ。

特別支出が年間どのくらい必要かはライフスタイルによって違うが、年収の10～20％が目安。年収300万円なら30～60万円。左の例を参考に、自分の場合は1年にどのくらいの特別支出があるか計算してみよう。

特別支出は、必要なときすぐ引き出せる口座に預ける。銀行の「貯蓄預金」がお勧めだが扱っていない銀行もある。そのときは、別の銀行（サブバンク）の普通預金を使おう。

「特別支出」に備える!

特別支出はこんな支出

- 2年ごとのアパートの更新料
- 盆や正月の帰省費用
- 夏休みの海外旅行など大きなレジャー費
- 友人の結婚式のお祝い
- 家電、家具など大きな買い物
- 自動車税や自動車保険、車検費用
(車を持っている人)
- スマートフォンやパソコンの買い替え

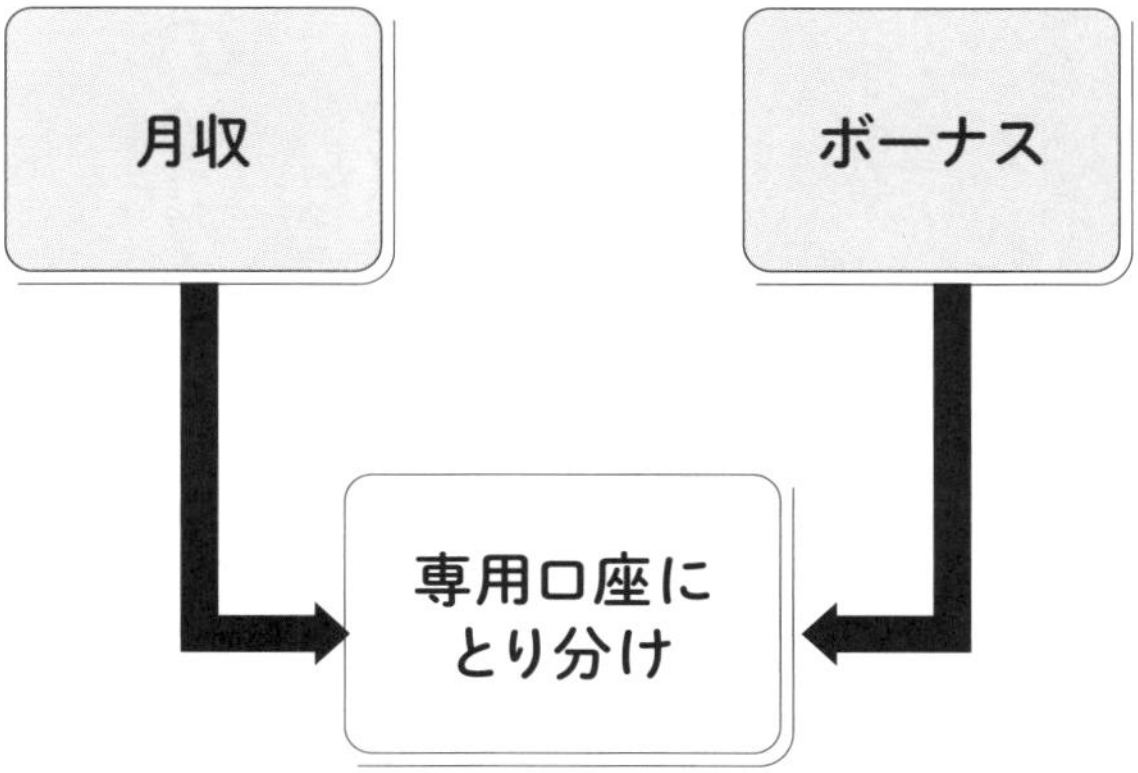

34

幸せの花が咲くタネを蒔こう！

「ふやす口座」は将来の夢をかなえるためのワクワク貯金

緊急費が確保できた。特別支出も十分にとり分けた。次はいよいよ夢や目標をかなえるための貯金だ。**金額は手取り収入の15％が目安。**

安定型の金融商品として給与天引きの「財形貯蓄」、銀行の「積立定期」がある。投資型の金融商品として勤務先の「持株会（自社株積立）」、ＮＩＳＡ口座での「投資信託積立」がある。最初は安定型だけの積立でもＯＫだが、6年以上先に使う予定のお金なら、半分を投資型にすることを勧めたい。利回りアップが期待できる。

せっかく貯めるのだから、5年後、10年後をイメージして、何を実現させたいか——留学、独立、住宅購入など自由に思い描いてみよう。優先順位の高いものから貯める。すべての夢を実現するのは難しいかもしれない。でも、あきらめることはない。時期を少し先に延ばす、目標額を下げるなどの調整をしよう。実現の可能性はグンと高くなる。

貯金プランを立ててみよう！

目的	いつまでに	いくら	月々、ボーナスからの積立額
(例)留学資金	3年後	100万円	月2万円+ボーナスから5万円ずつ

35

鉄則は「使う前に貯める！」

ズボラさんに超便利な金融商品。①給料天引き ②積立商品

貯金の基本は、自動積立だ。貯蓄上手な人は、例外なくこれを使っている。勤務先に給料天引きのシステムがあれば、それを使う。なければ、金融機関の自動積立システムを使う。両方使ってもいい。基本を解説しよう。

①給料天引きで積み立てる（申し込み先はいずれも勤務先）

●財形貯蓄

会社が契約している金融機関の金融商品に、月々、またはボーナスから一定額を積み立てる。一般財形（使い道自由）、財形住宅（住宅資金向け）、財形年金（老後資金向け）の3種類。財形住宅と財形年金は一定枠まで利息に税金がかからない（通常は利息の20％が

税金として引かれる）。３つのいずれかを利用していて、一定の条件を満たせば、住宅資金や教育資金を普通より安い金利で借りられる特典もある。将来住宅を購入する予定があるなら、まずは財形住宅がお勧め。

●社内預金

会社にお金を預けて積み立てるもの。銀行預金より金利が高い場合が多い。ただし、預入限度額が小さいことが多く、最近では制度を廃止する会社もふえている。

●持ち株会（自社株積立）

勤め先が上場企業ならこの制度があるかも。勤めている会社の株式を毎月一定額ずつ買っていく制度。会社によっては奨励金が出るなど優遇制度がある。

会社が成長して株価が値上がりすれば大きく資産をふやせる反面、株価が値下がりすれば損するリスクもある。最悪、会社が倒産すれば失業するうえに資産を失う危険も。積み立てるなら、ほかの積立と並行して少額に抑えるのが基本だ。

②自動積立商品で積み立てる

●積立定期預金（銀行）

普通預金の口座から、毎月決まった額を自動的に定期預金に振り替えて積み立てる。給料受取口座にセットして、毎月の振替日を給料日直後に指定すれば、残高不足の心配がなく、確実に貯められる。25日が給料日なら26日を振替日に。最低金額は銀行により100円〜1万円。

●自動積立定額貯金（ゆうちょ銀行）

郵便局の通常貯金（銀行の普通預金にあたる）の口座から、毎月一定額を自動的に定額貯金（半年複利で6カ月たてば自由満期の貯金）に積み立てる。1000円から。

●投資信託積立（NISA口座）

NISA口座に自動積立方式で、一定額の投資信託を毎月買っていく。定期預金や定額貯金への積立は安全で元本が保証されているが、投資信託積立はそれがない。儲かる可能性がある分、損するリスクもあることを理解して使おう。5章で詳しく説明するのでお楽しみに。最低金額は銀行・証券会社により100〜1万円。

用語説明

Q　総合口座とは

A　普通預金と定期預金がセットになった口座のこと

普通預金に定期預金をセットにして「総合口座」にすると、定期預金を担保にして、その残高の90%まで自動的に貸し付けてくれる。普通預金の残高がゼロでも、定期預金が10万円あれば9万円まで引き出せる、ということ。「うっかりして、普通預金の残高不足で自動引き落としができなかった」という事態を避けられる。

普通預金残高を超えて引き出すと、その分がマイナスで記帳される。先の例だと、「－¥90,000」となる。

急にまとまった額が必要になったときに、定期を解約する手間がないので便利。

貸し付け金利は、定期預金の金利＋0・5%が一般的。普通預金口座に入金があると、借入は自動的に返済される。ゆうちょ銀行の総合口座も同じ仕組み。

36

いつ使うお金かによって預け先を選ぼう

預け先の上手な選び方。3年以内に使うお金は安全な商品へ

お金の預け先（金融商品）を選ぶときは、まずそれが安全な商品か、投資型の商品かを知る必要がある。

安全な商品とは、預けたお金（元本）が減る心配のないもの。銀行の普通預金や定期預金などがそれだ。大きくふえることは期待できないが、一定の利息が得られる。

投資型の商品は、値段が上下して損するリスクもあるが、大きくふえる可能性があるもの。代表は株式投資信託や株式など。短期間の運用では値下がりリスクが大きいけれど、長期に運用するほどリスクが小さくなり、大きな収益が期待できるのが強みだ。

お金をどれぐらいの期間運用できるかで、ふたつのタイプの商品を使い分けよう。

3年以内に使うお金は、減らさないことを最優先に、全額安全な商品に預ける。

3～5年先に使うお金なら、安全な商品をベースに、3割程度まで投資型の商品を組み

合わせて、全体で預貯金を上回る利回りをねらう。

6年以上先に使うお金なら、投資商品の割合を5割までふやして、より大きな収益を目指す——これが基本スタンス。

安全な商品は次のページから、投資型の商品は5章で紹介しよう。

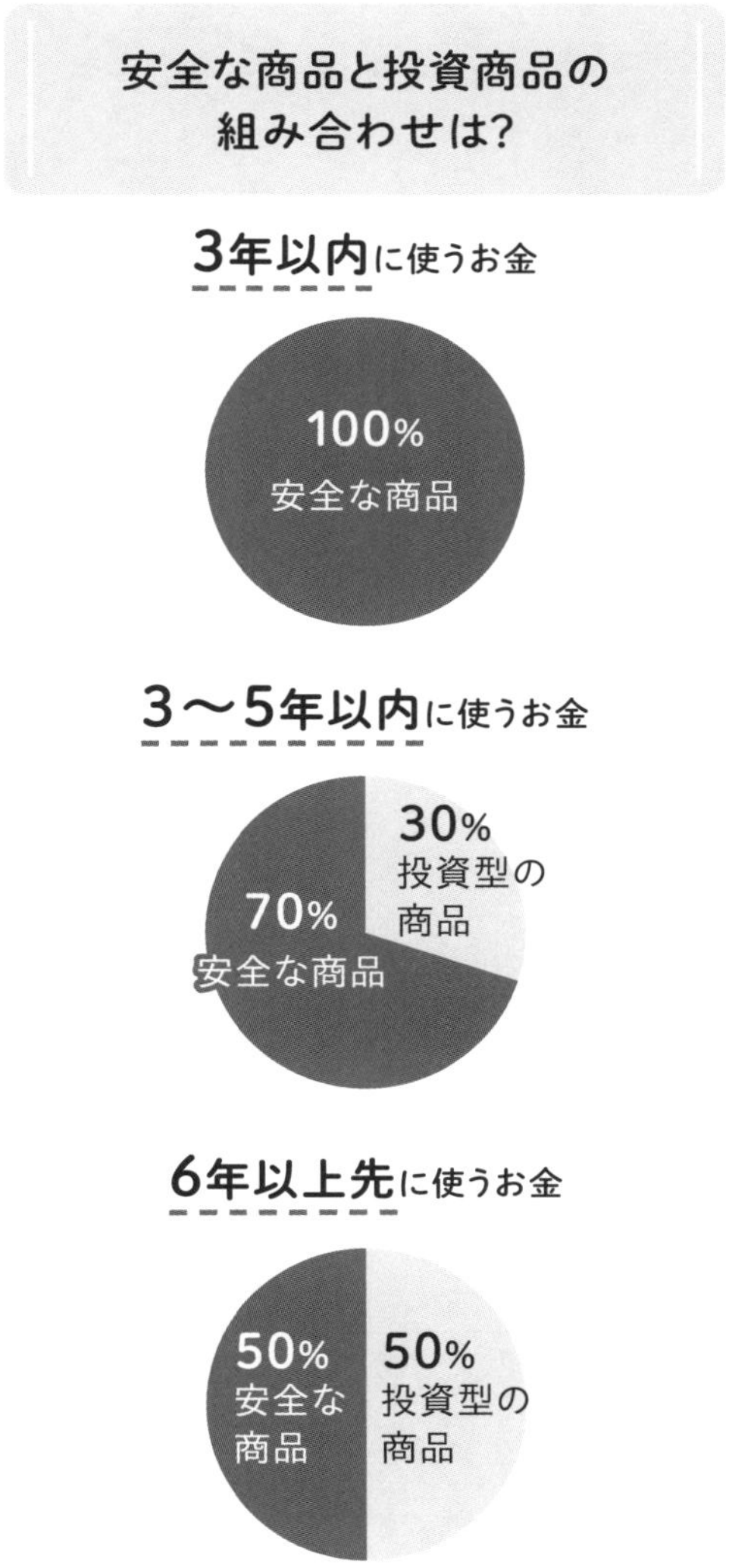

37

駆染みのある預金をきちんと知ろう

安全な商品①
銀行預金——最も身近な金融商品

身近な金融機関といえば、銀行。以前は国営の郵便局だった「ゆうちょ銀行」は２００７年に民営化され、貯金部門が銀行のひとつとなった。日本で最も支店が多い。

普通預金は基本の商品。１円単位で自由に出し入れができる。給料の受取口座にできる。クレジットや公共料金の決済（自動引き落とし）に使える。デビットカードも発行できる。財布代わりに使える。

貯蓄預金は、普通預金と定期預金の中間の性質。給与の受けとりや決済に使えない分、金利は普通預金よりわずかに高い。特別支出などの預け分けに便利だ。

定期預金は、期間を○カ月〜○年とあらかじめ決めて預ける。普通預金より金利が少し高い。予定が変わったときは、金利は下がるが中途解約もできる。元本割れはない。普通預金とセットにして「**総合口座**」（１１９ページ参照）にすると便利。ネット銀行の定期

銀行の代表的な安全商品

商品名	預入金額	預入期間	仕組み
普通預金	1円以上	自由	出し入れ自由。デビットカードを発行できる。公共料金やクレジット決済に使える。貯蓄金額や積立定期への自動振替ができる
貯蓄預金	1円以上	自由	出し入れ自由。残高が一定額以上なら普通預金よりも金利が高くなる。預け分けに便利
定期預金(スーパー定期)	1円以上	1カ月～10年	金利は普通預金、貯蓄預金より高い。満期前に解約すると約束の金利より低くなるが、元本割れすることはない。普通預金とセットにして「総合口座」にすると、残高の90%までATMで引き出せる。自動決済にも使える
積立定期預金	1000円以上 1000円単位	6カ月～10年 決めなくてもいい	普通預金から、毎月決めた日に決めた額を、定期預金に振替える(積み立てる)仕組み

＊預入金額、期間は、みずほ銀行の場合。貯蓄預金は取扱のない銀行もある

預金の金利は、一般銀行より高い傾向がある。チェックしておこう。

仕組み預金／**リンク預金**には気をつけよう。預金という名前がついていても、元本割れするリスクがある。複雑で仕組みがわかりにくくメリットが小さいので勧めない。

外貨預金は、変動する外国の通貨に預けるので、安全な商品ではなく投資型商品だ。

金利上昇局面なら変動金利の10年満期がお得

38 安全な商品②

個人向け国債――ボーナス預け先の有力候補

国債はちょっと馴染みが薄いが、**定期預金より金利が高め**なので、知っておきたい。

国債とは、国が資金を集めるために発行する債券、つまり借用証書。「国債を買う」とは国にお金を貸すことだ。国債に預ける（国債を買う）と、約束された利息を受けとり、満期時には元本が戻ってくる。金利は定期預金より高い。

国債のなかで個人だけが買える（企業などは買えない）のが個人向け国債。1万円単位で、3年、5年、10年満期の3種類がある。銀行、郵便局、証券会社で買える。

元本と利息の支払いは国が保証している。ボーナスの安全な預け先としては有力候補だ。3年と5年は満期まで金利が変わらない固定金利、10年は半年ごとに金利が見直される変動金利で、毎月発行されている。購入から1年を過ぎたらいつでも中途解約でき、手数料として直前2回分の利子（税引前）×0・79685が引かれるが元本割れはしない。

個人向け国債はこんな商品

商品名	固定3年	固定5年	変動10年
いくらから？	1万円以上1万円単位		
満期は？	3年	5年	10年
金利タイプは？	固定金利	固定金利	変動金利
金利*（税引き前）は？	0.38%	0.59%	0.69%
利息の受け取りは？	年2回（半年ごと）		
中途解約は？	発行後1年経過すれば可能 ただし、直近2回分の利息相当額が差し引かれる		
発行は？	年12回（毎月） 募集は前月		
取扱い機関は？	銀行、証券会社など		

*2024年7月発行

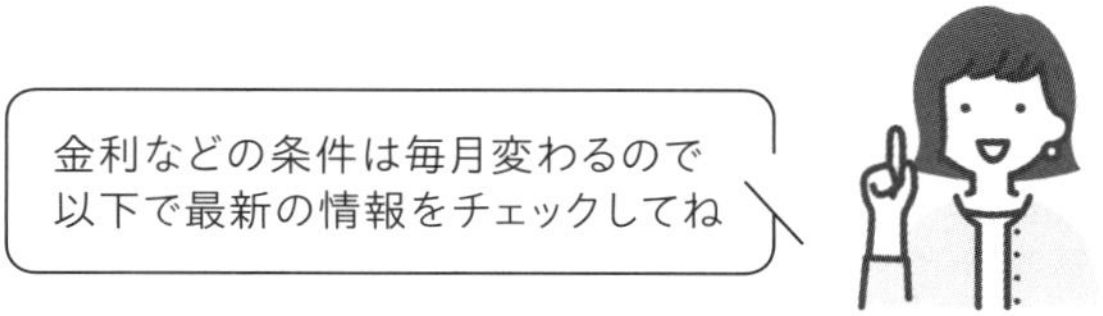
金利などの条件は毎月変わるので
以下で最新の情報をチェックしてね

参考 **財務省の個人向け国債WEBサイト（最新）**
https://www.mof.go.jp/jgbs/individual/kojinmuke/

39

証券会社の手堅い商品

安全な商品③ＭＲＦ——証券版の普通預金

「ＭＲＦ（マネー・リザーブ・ファンド）」は、証券会社の普通預金にあたる商品だ。預金と違い、仕組みで元本は保証されていないが安全性は高い。元本割れする可能性はほとんどなく、過去に元本割れしたこともない。普通預金と同じで、いつでも1円単位で入出金できる。証券会社に口座を開いて入金するとＭＲＦにお金が入る。証券総合口座とも呼ぶ。投資信託や株式を買うときはこの口座のお金が代金にあてられ、売った代金はここに入金される。口座残高は証券カードで引き出せ、銀行口座への送金もできる。オンラインで手続きできる。

名前が似た商品に、「ＭＭＦ（マネー・マネジメント・ファンド）」がある。証券版の貯蓄預金といえるが、日本円のＭＭＦは日本の金利水準が下がったときに姿を消した。今あるのはドルやユーロなど外貨ＭＭＦだけ。外貨なので安全な商品ではなく投資型の商品だ。

預金も保険も投資も、守る仕組みがある

もしも金融機関が破たんしたら。私のお金は戻ってくる？

金融機関はこれから10年、20年と長く付き合う相手。今は問題がなくても、将来も大丈夫とは言いきれない。日本でも海外でも、信頼されていた大手の銀行や証券会社が倒産したケースがある。もしつぶれたら、どうなるのだろうか。

日本では、**預金にも保険にも証券にも、原則として保証のシステムがある。**私は、取引している証券会社が破たんする経験をしたが、分別管理によって資産が保護される仕組みを知っていたので慌てずにすんだ。知らない人たちが証券会社に殺到し、何時間も待ち続けていて気の毒だった。生命保険会社が破綻したこともあるが、不安になり慌てて解約した契約者がいちばん損をした。

どんな場合でも、あせって行動しないことが大切だ。万一のとき、私たちのお金はどこまで守られるのか。整理しておこう。

●銀行（ゆうちょ銀行含む）

日本に本店のある銀行（地方銀行、信用金庫、信用組合などを含む）は、預金保険制度で、銀行ごとに預金者ひとりあたり元本合計1000万円とその利息は保護される。1000万円を超える預金は、破たんした銀行の財務状況によって一部減らされる。

決済のための「当座預金」や「無利息型の普通預金」は、全額保証される。

ただし、外貨預金、外国銀行の在日支店の預金は、預金保険制度の対象外だ。

銀行で投資信託を持っているときは、金額にかかわらず別の仕組みで保護される。

・預金保険制度で保護される金融商品

普通預金、貯蓄預金、定期預金など（ひとり合計1000万円まで）

当座預金、無利息型の普通預金（全額）

・預金保険制度で保護されない金融商品

外貨預金、外国銀行の日本支店のすべての預金

投資信託など

・預金保険制度で保護される金融商品

●証券会社

株式や債券、投資信託などの資産は、顧客からの預かり資産として証券会社自身の資産

保険会社
銀行
証券会社
知ってると安心
どれにも契約者を守る仕組みがあるのね

とは別に管理することが義務づけられている。

仮に倒産してもすべて投資家に戻ってくるので、基本的に影響はない（ただし、元本保証ではないので注意）。もし証券会社の違法行為などにより、預かり資産の一部または全額が返還されない場合に備えて、投資者保護基金が設立されている。

●保険会社
日本で営業している保険会社は外資系も含めて、すべて保険契約者保護機構に加入している。保険会社が破たんした場合は、この保護機構が保険契約を引き継ぐ保険会社を探し、引受保険会社が見つからないときは保護機構が保険契約を引き継ぐことにより、**保険契約は継続される。**

ただし、契約の引き継ぎの際に条件が見直され、責任準備金（将来の保険金の支払いに備えるための積立金）が最大で10％カット（削除）されたり、予定利率が引き下げられたりする可能性がある。それでも、医療保険や定期保険にはあまり影響はない。

なお、破綻直後に解約すると「早期解約控除制度」が適用されて、本来の（削除後の）解約返戻金からさらに一定割合（～20％）が引かれる。

「慌てて解約」がいちばん損することを覚えておこう。もともと目的に合っている保険なら、そのまま続けるのがたいていは正解だ。

Column

20代の貧乏体験が、自信に！ 人生の財産に！

私は、はっきり言ってケチだ。買い物は嫌い。服や靴や化粧品を買わずに生活できたらどんなに楽かと思う。お金を使うことが好きじゃないのは、子どもの頃、家が裕福ではなかったからだろう。

といっても特別に貧乏だったわけではない。小学生のときはいろいろと習い事をさせてもらい、ピアノも買ってもらった。でも、お金に余裕がないということは知っていたので、「○○を買って」とせがんだ覚えがない。なのに、頼み込んで東京の私立大学に進学させてもらったのだから、ずいぶん矛盾しているんだけど。

仕送りは当時のお金で月7万円。フロなしアパートの家賃が2万3000円で、光熱費を入れると約3万円。残り4万円で1カ月の食費、銭湯代、洋服代、大学のサークル会費、飲み代などをやりくりした。

2年生からはアルバイトを始めて少し楽になったけど、この極貧生活はいい経験になった。栄養バランスを考えながら、どう食費を安く上げるか工夫した。キャベツ、人参、納豆、豆腐……。それでも日本経済新聞を購読していた。一般紙より値段が高くて痛かったけれど、それが今「飯のタネ」になったのだから、投資した価値はある。

お金に余裕がないと、100円を使うときもすごく考える。本当に必要なものか、買わずにすませる方法はないか、買うのを先に延ばせないか、もっと安く手に入れられないか。複数の手段を考えて優先順位を決める、とてもいい訓練になる。

23歳で転職したとき、給料が下がったうえに、会社の寮を出てアパート暮らしになったので経済的に苦しくなったが、大学時代の貧乏経験のおかげで乗り切れた。

子どもが2歳のとき夫が失業してしまったが、「大変だけどなんとかなるさ」と楽観できたのも貧乏体験あればこそ。本当に、貧乏は一度はしてみる価値がある。そして、そのなかで夢を持ち続ける。前に進み続ける。

独立・起業することは、失敗して無一文になるリスクを負うことでもある。貧乏が怖い人はそのリスクをとれない。お金がなくてもやっていける自信がないとね。

いつまでも親元でぬくぬく暮らしているなんて、もったいない。そういう人は一日も早く独立して、貴重な貧乏経験することをお勧めする。

ただし、貧乏に慣れて、それが当たり前にならないよう気をつけてね!

5章

夢をかなえる「投資・運用」のルール

――万全な守りと攻め！
ＮＩＳＡで1万円からガッツリふやす投資入門

Money Tips for Women to Find Happiness

41

長期の運用でこんなに差がつく

3％の違いが1770万円の差に！ これが「投資」の実力だ

まずは左のグラフを見てほしい。25歳から65歳までの40年間、毎年50万円積み立てるといくらになるか？　金利0％なら利息はつかないから2000万円。3％なら3770万円。約1770万円の差！　同じ積立額でも結果はこんなに違う。平均6％で運用できれば7738万円。

見てわかるとおり、**運用期間が長くなればなるほど、わずか数％の金利の違いが大きな差になる。利息が利息を生む複利のパワーで、加速度的にお金がふえる。**だから10年先、20年先の将来のためのお金は、少しでも高い利回りを目指したい。効率的にお金をふやせば、それだけ将来やりたいことを楽に、たくさん実現できるからだ。

では、高い利回りを得るにはどうすればいいのだろうか？

答えは「投資」。投資とは、「投資信託」や「株式」など、リスクはあるが大きなリターンが期待できる金融商品で運用すること。残念ながら金利の低い預金だけではお金はふえない。インフレ（物価が上がること）でお金が目減りする心配もある。

でも投資をすれば、インフレにも負けない高い利回りをねらえる。今から投資の腕を磨けば、３％や６％は難しくない！

毎年50万円積み立てたときの元利合計金額（1年複利）

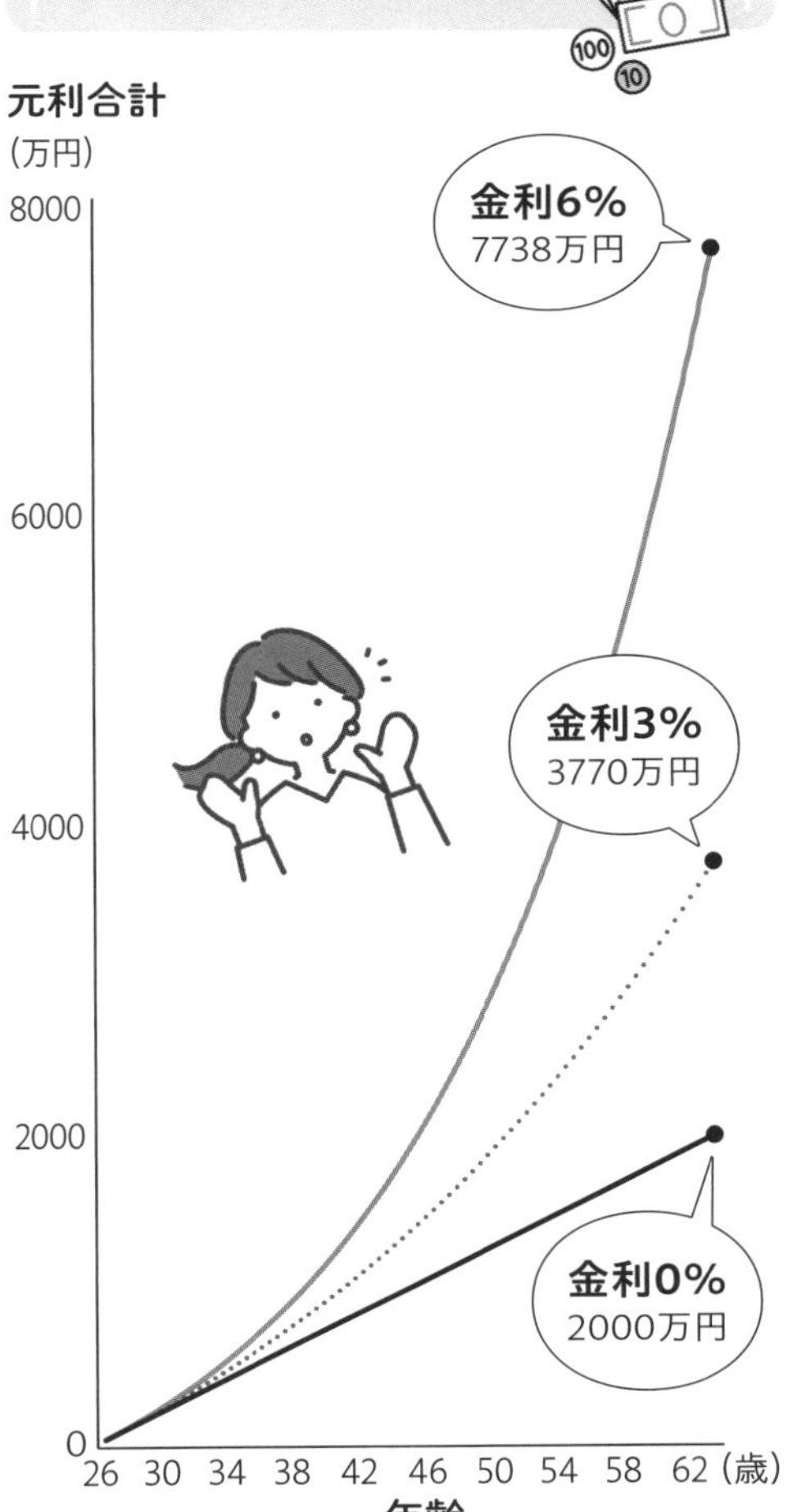

42

このふたつのテクニックで資産づくりをパワーアップ！

投資のリスクを減らすには「分散」と「長期」が決め手

投資にはリスクがつきものだ。リスクとは、値段が動く幅やタイミングが正確に読めないことをいう。上がるぞ、と見込んで買った株の値段が期待と反対に動けば（値下がりすれば）損になる。期待どおりに動くと（値上がりすると）儲かる。つまり儲け（リターン）とリスクはコインの裏と表だ。

だが、投資はギャンブルとは違う。

リスクを小さくする方法がある。「分散」と「長期」のふたつ。分けて買って長く持つ。

分散とは、まず種類を分ける。投資先の分散だ。

性格の違う、違う値動きをする複数の商品に分ければ、ひとつが値下がりしても、ほかが値上がりすれば、マイナスを小さくしたり全体でプラスにもっていける。たとえば**「日本の株式」と「海外の債券」を組み合わせる、という具合。**

ふたつ目は、買う時期を分ける時間の分散。 たとえば、投資信託を一度にまとめて買うと、その後値下がりして損をする恐れがある。少額ずつ何回かに分けて買えば、値下がりしたとしても損が小さくなる。自動積立を使えばいい。ＮＩＳＡ（１３８ページ参照）でできる。

次のカギは長期。 短期間（数週間〜数カ月）で儲けをねらうと、大損しやすい。安いときに買って高いときに売るというのは、簡単に思えて実は至難のワザ。１回目に10％、２回目に20％儲けても、３回目に30％損をすればトータルではマイナスになる（１００万円→１１０万円→１３２万円→92万円）。

数年〜数十年持ち続けてじっくり値上がりを待つ「長期投資」のスタンスなら、儲けのチャンスはぐんと大きくなる。だから、最低でも3年以上は使う予定のないお金で投資しよう。本格的に投資していいのは、5年以上先に使うお金だ。

そもそも投資の目的は、一時的に儲けることではなく、将来の資産をつくること。

ちょっと遠回りに思えるが、**分散投資と長期投資でコンスタントにいい利回りを上げることが、最も効率的に資産をふやす道**だ。

43

NISAの概要をわかりやすく解説！

NISAで月1万円から投資スタート

投資は、いくら勉強しても本を読んでも、やってみないとわからない。**やってみよう。**

頭で考えているうちは、株や外貨で儲けるのは簡単に思えるが、いざやってみると、「安いときに買って、高いときに売る」のがどんなに難しいかすぐわかる。

ちょっと値下がりしたら心配で夜も眠れなくなるかも（私はそうだった）。間違いなく値上がりするぞと目論《もくろ》んで株を買ったら急落する。値上がりした株を「もうちょっと」と欲を出して持ってたら下がってしまう。

たくさん失敗するはずだ。**若いうちに失敗したほうがいい。**失敗から「分散」「長期」投資の大切さを学ぼう。

30代、40代と貯金がふえて動かす資金がふえたとき、失敗を体験して投資スキルを身につけた人と、投資経験ゼロの人では、資産に大きな違いが出る。
初心者が、**投資の一歩を踏み出すのに最適なのがNISA**だ。
NISAってなんだろう。

1. 一般の人が、投資信託などで財産をふやすのを応援する制度
2. 一般の投資は利益に税金（20％＊）がかかるが、NISAは税金がかからない
3. ひとつの金融機関にひとつの口座だけをつくれる（年単位で金融機関を変更できる）
4. 投資できる上限がある。「つみたて投資枠」は年120万円。「成長投資枠」は年240万円。「つみたて＋成長」で元本1800万円（成長の上限1200万円）まで
5. つみたて枠では、決められた種類の投資信託の積立ができる。投資信託の種類は金融機関によって3本から100本以上と幅がある
6. 成長投資枠は積立でも積立でなくても買える。銀行のメニューは投資信託だけだが、証券会社は株式や債券、国内だけでなく海外のものも買える
7. NISAで買った投資信託や株式は、好きなときに好きなだけ売ることができる（売った分、買える枠が次の年にふえる）

＊2037年12月末までは、復興特別所得税がプラスされ20・315％

44

投資はこれだけでOK！

NISAは「投資信託を積立で」が鉄則

以前はFPとして「預金だけではダメよ。投資をしましょう」と勧める際に、どこから説明し、何を勧めたらいいかが難しかった。それが2024年から簡単になった。

1．NISA口座を開きましょう
2．投資信託で積立をしましょう

この2ステップだけでいい。これだけでいい。どこの銀行、あるいは証券会社にNISA口座を開けばいいかは、160ページで説明する。

NISAではいろんな投資ができるが、やるべきことはたったひとつ、**「投資信託の積立」だけ**。投資信託をふたつか3つ選んで毎月決めた額を積み立てていく。

もし月2万円積み立てられるなら、たとえばこんな具合。

NISAの概要

目的	1. 投資信託の積立で時間をかけて資産をつくる 2. 投資信託以外、積立以外の投資で資産をふやす
どこで	ほとんどの証券会社、銀行
誰が	日本に住む18歳以上の人
いくらから投資できる?	1万円、1000円など (金融機関で違う)
いくらまで投資できる?	年間360万円、 合計1800万円まで
どんな種類がある	つみたて投資枠と成長投資枠
メリット	1. 利益(儲け)に税金がかからない 2. 購入に手数料がかからない(つみたて投資枠)

時間をかけて
投資で資産を
つくる。
これが目的!

・日本株のインデックスファンド1万円
・世界株のインデックスファンド1万円

「投資信託の積立が投資の柱だ」と、20年前から話している。それは今も変わらない。

初心者はここまで読むと、毎月1万円積み立てたらどうなるの？ 投資信託って何？ インデックスファンドって何？ という疑問が出てくるだろう。

次のページから順に説明しよう。

45

10年、20年で、月1万円がどれだけふえた？

驚愕の結果に!? 過去10年、20年、NISAで積み立てていたらすごかった

投資は、損するリスクがあるからイヤ！　私は安全な預金だけで貯める、という人も少なくない。でも、左のグラフを見てほしい。

10年前、20年前にNISAで投資信託の積立を始めていたら、今どうなっているか？

過去の数字から試算したものだ。

2014年9月から2024年8月まで10年間、月1万円を積み立てていたら

・日本株のインデックスファンド　120万円 ➡ **217万円**

・世界株のインデックスファンド　120万円 ➡ **269万円**

同じように、過去20年間、月1万円を積み立てていたら

・日本株のインデックスファンド　240万円 ➡ **679万円**

・世界株のインデックスファンド　240万円 ➡ **931万円**

私はリスクをとりたくない、と普通預金に預けていたら、10年かけて貯めた１２０万円は１２０万円のまま、20年で貯めた２４０万円は２４０万円のままだ。

さあ、自分はどうする？　よく考えよう。

毎月1万円を積み立てていたらどうなった？

日本株のインデックスファンドで積み立てていたら……

世界株のインデックスファンドで積み立てていたら……

＊wealth Advisor社のウェブサイトを参考に作成

46

ふたつの枠を知って上手に使おう！

ＮＩＳＡの仕組み。つみたて投資枠と成長投資枠

ＮＩＳＡはふたつのカテゴリーからできている。

「つみたて投資枠」と**「成長投資枠」**だ。

シンプルにするため、「つみたて枠」、「成長枠」と呼ぶことにする（もっと馴染みやすいネーミングにしてほしかったなぁ）。

つみたて枠は、①積立で、②決められた投資信託だけを買う。③上限は月10万円、トータル６００万円。

成長枠は、①積立でも一括でも、②その金融機関で扱う多くの投資信託、証券会社なら株式や債券など、いろいろな投資商品が買える。③上限は年２４０万円、トータル１２００万円。

投資信託の積立に、ＮＩＳＡを最大限利用すると、月30万円までトータル１８００万円

つみたて投資枠 vs. 成長投資枠

	つみたて投資枠	成長投資枠
購入方法	毎月の積立だけ	積立OK　一括OK
買える商品	決められた投資信託だけ	いろんな投資信託、株式、債券など*
1年いくらまで	120万円（月10万円）	240万円
合計いくらまで	600万円	1200万円
そのほか	購入手数料がかからない	購入手数料がかからない 一般より安いものも多い

＊銀行は、つみたて投資枠より種類はふえるが、買えるのは投資信託だけ

まで投資できる。この本ではこの方法、つまり**「成長枠も積立に使う」**を勧める。

ＮＩＳＡはいつでも解約できる。いつでも、投資信託や株式を売った代金を引き出せる。

退職のための資金づくりを応援する「ｉＤｅＣｏ」は、よくＮＩＳＡと比べられるが、60歳にならないと解約できないという条件がある。**いつでも解約できるのはＮＩＳＡの魅力**だ。

47

ビギナーはここから！　ベテランもここに落ちつく

投資信託は数百の株式のパッケージ。1万円から分散投資できる！

「投資」と聞いて、誰もが真っ先に思い浮かべるのが「株」だろう。

株の魅力は、値上がり益が期待できること。安いときに買い、値上がりしたときに売れば儲かる。成長する会社の株価は2倍、3倍、長期では10倍になることもある。

Ａｍａｚｏｎ社は１９９７年にアメリカの株式市場に上場した。２００４年には１株２ドル前後だったが、２０２４年8月末の株価は１７８ドル。20年で89倍だ。

配当や株主優待が魅力の銘柄もある。その会社の製品や優待券がもらえたりする。

ただ、株で儲けるのは難しい。将来値上がりする銘柄を見つけ、株価を常にチェックして買いどきをはかり、買ったあとも値動きに目を光らせ、タイミングをはかって上手に売らなくてはいけない。時間も手間もかかる。「コレ！」と信じて買った株が、会社の不祥事で紙くず同然になることもある。

株と株式投資信託の違いとは?

	株	株式投資信託
1回の投資に必要なお金	少なくとも数万円程度、**多くは数十万円**	**1万円くらい**から
投資にかかる手間や時間	銘柄選びから売買のタイミングの決定、保有中の株価の変動チェックまで**すべて自分で**	運用は**プロのファンドマネージャーにおまかせ。**定期的に報告書などで運用状況をチェックすればOK
分散投資	自分で**複数銘柄**(できれば20銘柄以上)**を組み合わせる**必要がある	**1口**でも分散投資になっている
リスク	**投資信託より大きい**	**株より小さい**

「株式投資をするなら20銘柄持て」といわれるが、資金が少ないと1〜数銘柄しか買えない。損するリスクが大きいから、個別の銘柄への投資は勧められない。

でも「株式投資信託」（略して投資信託）をつかえば、リスクを小さくできる。投資信託は、「ファンド」「投信」とも呼ばれる。投資のベテランも世界の大富豪も、これを使っている。

投資信託は、たくさんの個人や企業から集めたお金を、数十億〜数兆円の単位にし、運用会社が世界中の株や債券に投資する仕組み。ファンドの銘柄によって投資先が決まっている。利益（または損失）を投資額に応じて分ける。たいてい1万円単位で購入できる。オンライン証券では1000円単位で買えるところも。しかも、1万円でしっかり分散投資できるからすごい。

ひとつの投資信託は、普通、数十から数百の株式に投資している。分散するとリスクが小さくなることは、すでにお話ししたとおり。これをNISAで積立で買えば、買う時期が分散される。リスクを小さくしながら預貯金より高い利回りがねらえる。資産づくりにはうってつけだ。

投資信託の仕組み

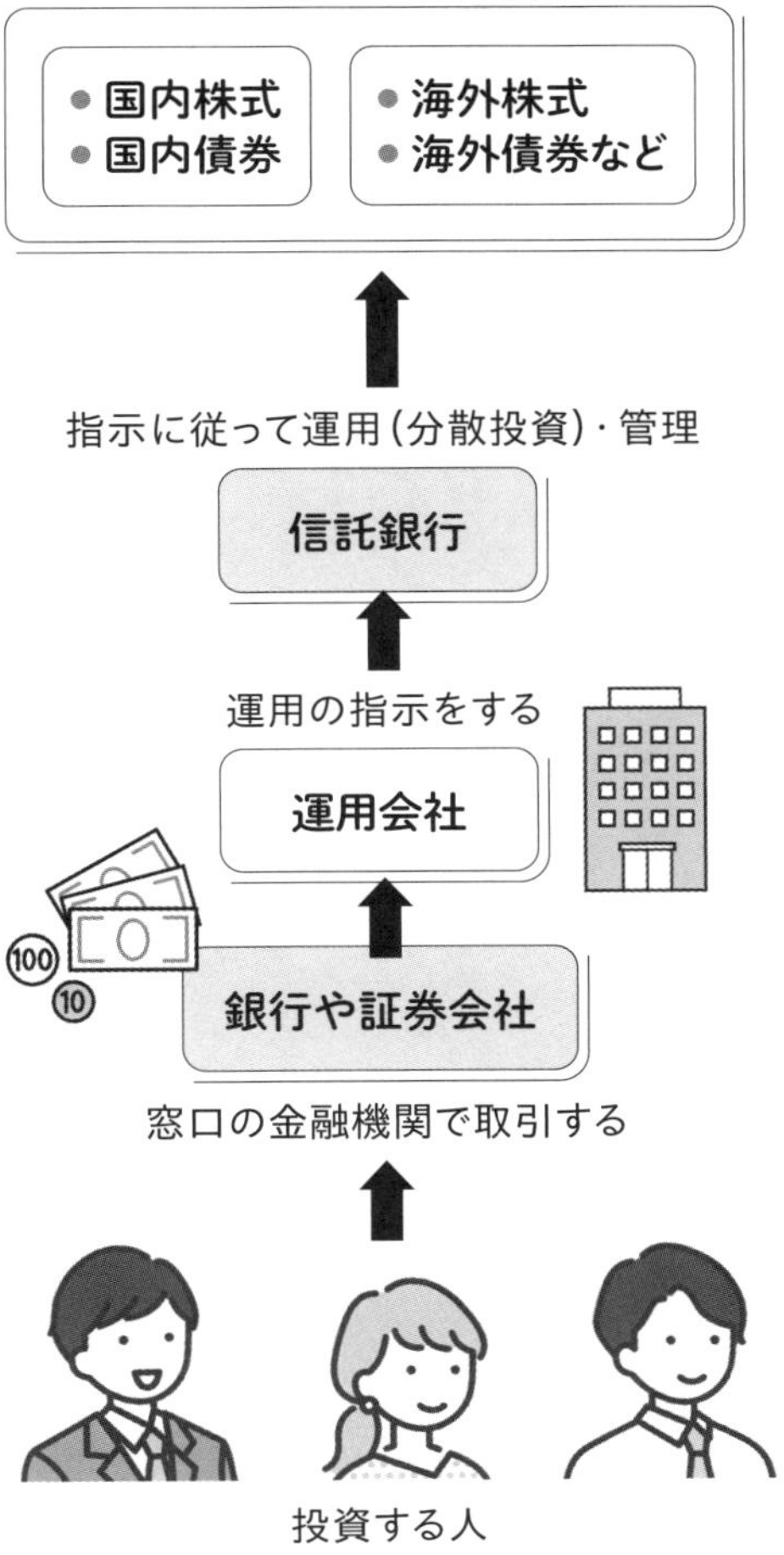
国内株式
国内債券
海外株式
海外債券など
指示に従って運用(分散投資)・管理
信託銀行
運用の指示をする
運用会社
100
10
銀行や証券会社
窓口の金融機関で取引する
投資する人

48

選ぶためにも、長く付き合うためにも顔ぶれを知っておこう

投資信託のいろいろな種類。基本の仕組みを知っておこう

投資信託には、いろいろな種類がある。これからＮＩＳＡで長ーく投資信託と付き合っていくのだから、基本の仕組みと種類を押さえておこう。

繰り返しになるが、株式投資信託は、たくさんの株式をパッケージにしたものだ。略して投資信託、投信、ファンドともいう。なかには株式を含まないファンドもある。債券だけの「債券ファンド」や、証券版の普通預金といわれる「ＭＲＦ（マネー・リザーブ・ファンド）」などだ。種類の分け方はいくつかある。ここで紹介するのは一例。

1. 株式か、債券か、両方か、その他か

2. 国内か、海外か

3. インデックス（消極的）か、アクティブ（積極的）か

投資信託の種類

資産づくりには
違う種類のものを組み合わせよう

<table>
<tr><td rowspan="4">国内</td><td rowspan="2">株式</td><td>インデックス型</td><td>株式指数と
同じ動きをするように
設計されている</td></tr>
<tr><td>アクティブ型</td><td>ファンドマネージャーが
投資方針に応じて
積極的に運用する</td></tr>
<tr><td colspan="2">債券</td><td>短期と長期がある</td></tr>
<tr><td colspan="2">REIT</td><td>不動産に投資する</td></tr>
<tr><td rowspan="4">海外</td><td rowspan="2">株式</td><td>インデックス型</td><td rowspan="4">内容は国内と同じ
海外に投資するので、
為替レートの影響を受ける

日本と違う金利、
株式の動きがある</td></tr>
<tr><td>アクティブ型</td></tr>
<tr><td colspan="2">債券</td></tr>
<tr><td colspan="2">REIT</td></tr>
</table>

インデックスとは指数のこと。どの国にも、株式相場などの全体的な値動きを表す指標がある。日本なら「日経平均株価（日経225）」や「東証株価指数（TOPIX《トピックス》）」。これと同じ動きをするように自動運用されるのが**「インデックスファンド」**。NISAつみたて枠の主力商品だ。覚えておこう。消極的なので「パッシブ」（受け身）とも呼ぶ。

対して、ファンドに運用の担当者（ファンドマネージャー）がついて、**より大きな値上がりをねらうのが「アクティブファンド」**。積極的なファンドだが、インデックスより成績がいいものは少ないのが現実。

右の基本の3つに加えて、不動産（ホテル、商業施設、レジデンス）などに投資する**「REIT《リート》」**という投資信託もある。これらをまとめたのが151ページの表だ。

資産形成には、種類の違うものを組み合わせる「分散」が基本だったね。だから投資信託を選ぶ際は、「これはどれに分類されるのか」と、必ず確認しよう。

49

わかりやすい、投資の基本！

日本株のインデックスファンドを買おう

投資信託のいろいろな種類を前項で見たが、最初に買うべきは、ズバリ、日本株のインデックスファンドだ。

インデックスファンドは、日経平均株価（日経２２５）や東証株価指数（ＴＯＰＩＸ）など、株式相場全体の動きを示す指数（インデックス）と同じ値動きをするようにつくられた投資信託。早い話が、日本の株式市場全体に投資するファンドだ。

なぜこれがいいかというと、第一に、値動きがわかりやすい。指数が10％上がれば投資信託の値段（基準価額）も10％値上がりし、５％下がれば５％値下がりする。

景気が悪くて株式相場全体が低調だと値下がりするが、**長い目で見ると日本経済の成長とともに値上がりが期待できる。**投資初心者から中級・上級者まで、**資産づくりの柱となる商品だ**（２０１４年から24年６月までの10年では２・９倍くらいに値上がりしている。

ただし、過去には10年間で逆に値下がりしたこともある）。

ＮＩＳＡつみたて枠で買える日本株のインデックスファンドは全部で47本ある。

銀行で買えるのは、主に自行系列の1～3種類だから、選ぶのは簡単。証券会社は（品ぞろえの多さが売りで）日本株インデックスファンドが二十本以上あるところも。指数の種類や運用会社がいろいろ。初心者には選ぶのがちょっと大変だが、どれを選んでも手数料はかからないし、値動きにも差がない。

「この運用会社（の名前）が好き」とか「225とＴＯＰＩＸだったら、なんとなく225かな」と**軽い感覚で選んでいい**。資産残高や信託報酬（運用管理費用）つまり手数料、運用年数などを比べて選んでもいい。ＮＩＳＡ口座を開いて、**つみたて枠で、日本株インデックスファンドを月1万円買えれば、投資の第一歩を踏み出したことになる**。成功だ。

日本株インデックスファンドの数は、銀行かオンライン証券かによってこんな感じ。

●銀行：1～3本

●オンライン証券：20本以上

どれを選んでも大差ない。悩みすぎずに1本選んで積立をスタート！

50

自分をグローバル化する第一歩！

海外株のインデックスファンドを買おう

かつて、NISAがなかった時代は、こうアドバイスしていた。

「まず、日本株のインデックスファンドで積立をしなさい。数カ月〜1年たって投資信託がどういうものであり、積み立てるとどういう効果があるかわかったら、海外株のインデックスファンドをプラスして2本立てにしなさい」

NISAという素敵なツールがある今は、違う。

「日本株と世界株のインデックスファンドの2本立てで、積立をスタートしなさい」

だって、簡単に選んで始められるようになったから。

どの銀行にも、どの証券会社にもNISAつみたて枠で買えるメニューに、必ず海外株のインデックスファンドがある。メニューが少ない銀行なら、簡単に選べる。

メニューの多いネット証券は、海外株のインデックスファンドが数十種類ある。

最初に買うのは、世界にまんべんなく投資する「世界株」がいいだろう。ネーミングは「全世界」「グローバル」「オール・カントリー」となっている場合もある。海外投資に興味のある人は、自分の好みや「ここが有望そう」という予想に合わせて、北米、ヨーロッパ、オーストラリア、インドなどをプラスしてもいい。

「つみたて枠」にお目当てのファンドがなければ「成長枠」を見てみよう（144ページ参照）。

初心者が避けたいのは、新興国、エマージングという名前がつくもの。先進国に比べて値段の上げ下げが激しい、つまりリスクが大きいから。

「今話題」という銘柄も、人気が出て値段が高くなりすぎていることがあるので、買うなら少なめが安心だ。

海外株式インデックスファンドの主な種類

名　前	投資先	特　徴
世界株／全世界株／国際株／グローバル株式など	世界の株式	市場の規模に応じて投資するので約半分が米国株
先進国株	新興国を除く世界の株式	米国株70％+ヨーロッパ30％くらい
米国株（北米株）	アメリカの株式+カナダの株式	S&P、NYダウなど複数のインデックスがある
欧州株	主に西ヨーロッパの株式	米国とは違う値動きが期待できる
新興国株／エマージング	後発で経済成長が著しい国	アジア、中東、アフリカ、中南米などに投資
国別、地域別	インド、オーストラリア、アジアなど	投資対象が小さいのでリスク（値動き）が大きい

まずは、世界株だけで十分。
好きな人は興味がある分野を足していけばいい

51

準備はOK？　守りを固めたら始めよう！

いつがベスト？　緊急費と特別費が貯まったらNISAをスタート

ＮＩＳＡ投資の始めどきはいつだろう？

ある新入社員が、貯金ゼロなのにＮＩＳＡ投資を始めている、という話を先日聞いた。そのチャレンジ精神はすばらしいが、ちょっと早い。

４章で緊急費と特別費の話をした。

予定外の出費に備える**「緊急費」**は、生活費の１〜３カ月分。

毎月はかからないけれど数カ月〜数年単位で必ずかかる**「特別費」**は年収の10〜20％。

このふたつが貯まったら、NISA投資スタートだ！

緊急費１カ月＋特別費が年収の10％だとすると、年収２５０万円なら50万円くらいだ

ろう。年収1000万円なら200万円。

これが見えてきたら、金融機関を選んでNISA口座を開き、積立を始めよう。今、貯金ゼロなら2~3年先が始めどき。

「そんなに待てない」とせっかちな人は、月1000円単位でファンドの積立ができるネット証券で口座を開き、月2000円から始めてもいいだろう。

緊急費と特別費が十分にないと、結局あれやこれやでNISAを解約することになる。始めてすぐの解約は、損が出るリスクが大きい。

4章（121ページ）で話したとおり、6年以上使わない予定のお金の50%までが投資の目安。

あせらず、欲張らず、投資はゆったり始めよう。それが成功のコツだ。

52

どこにしようか悩まないで、すぐ決めよう

お金が苦手なら銀行で。得意ならネット証券でNISA口座を開く

繰り返すが、投資を始める第一歩は、NISA口座を開くことだ。

ふたつのコースがある。

ひとつは銀行。ひとつはネット証券。

すでにネット証券に口座を持っている。まだ口座はないけど、投資のことに苦手感はない、周りに質問できる友人がいる、という人は、迷わずネット証券でNISA口座を開こう。証券総合口座だけでは、NISA投資はできないから気をつけて。

ネット証券はファンドの数も多いし、成長枠で投資できるほかのメニューも豊富。日本株と外国株の基本のインデックスファンドの積み立てから始めて、興味が出てきたら新しいものに挑戦するといい。

NISA口座の開き方・投資の始め方

銀行のリアル店舗で

1. NISAができる銀行であることをネットで確認
2. 銀行のサイト、または電話でNISA相談の予約をとる
3. 本人確認書類とマイナンバーカードを持参して店舗で口座開設する
4. オンラインでの手続きの仕方などを教えてもらう
5. 税務署審査が終わるのを待つ
6. 投資口座にログインし「NISA つみたて投資枠」で積み立てる手続きをする

オンライン証券で

1. どのオンライン証券にするか、比較して決める
2. 証券会社のサイトで口座開設とNISA口座開設を同時に申し込む
3. 本人確認書類とマイナンバーカードをアップロード
4. 開設した口座に入金する
5. 税務署審査が終わるのを待つ
6. 口座にログインし、投資信託の積立をNISAつみたて投資枠で申し込む

残高確認や商品、金額の変更はオンラインでする
わからないことがあったら、すぐ電話やオンラインで相談

＊多くの銀行もオンラインで口座開設できる

一方、お金や投資に苦手感がある人は、「よくわからな〜い」という理由で、口座を開く一歩を踏み出せないことがある。もしそうなら、身近な銀行でＮＩＳＡ口座を開いて、すぐ始めるほうが断然いい。ネット証券より投資メニューは少ないが、２本柱の日本株と外国株のインデックスファンドは、どの銀行にも必ずある。それに、１０００本以上のファンドを扱う銀行もあるよ。

銀行のＮＩＳＡ口座もオンラインでつくれるが、最初は窓口でＮＩＳＡの説明を受けて、手続きを教えてもらうといい。

わからないときに人に聞けるのが、銀行でＮＩＳＡをする最大のメリットだ。

自分にはどちらが向いているか、わりと簡単に答えは出るはず。どちらかに決まったら、すぐに口座を開こう！

53

ファンドの親戚ETFについて、自分で調べてみよう

もっと投資したい人は次のステップへ！ 成長枠でETFや個別株

投資は、わからないうちは敬遠しがちだけど、少しわかってくると、どんどん面白くなる。どんどん欲が出てくる。

「この本は、日本株と海外株のインデックスファンドだけでいいって書いているけど、もっといろんな種類のファンドがあるし、そのほかにもETFや海外株式にも投資できるんでしょ。もっと知りたーい」という人も出てくるだろう。

すばらしい！　勉強していろいろなメニューに挑戦してほしい。銀行で買えるのは投資信託だけだが、**ネット証券はETFや個別株も買える。**リスクの大きい個別株より、ファンドの親戚にあたるETFを勧めたい。ETFとはExchanged Trade Fundの略で、日本語では「上場投資信託」。株式のように証券取引所で売買する。国内ETFと海外ETFがある。

ただ、この本で解説するのはここまで、NISAで積立を始めるところまでとする。

自分で金融機関を選んでNISA口座を開き、いくつもあるファンドのなかから日本株と海外株のインデックスファンドを選んで積立を始めたら、次のステップは難しくない。NISA投資の本やネットで勉強して情報を集めて、自分で決めてアクションできる。

私が日本株と海外株に加えたいと思うのは、株式相場が下がっても下がらない「海外債券ファンド」。不動産に投資する「REITファンド」の日本版と海外版などだ。興味があったら調べてみて。

NISA口座を開いてファンド積立をするために知っておきたい専門用語を左の表でいくつか解説した。参考にしてほしい。

投資のこの基本用語は知っておこう

ETF	国内・海外のインデックスファンドを、株式として取引できる仕組みにして、株式市場に上場したもの。株式として売買され、ファンドよりコスト(購入・保有)が安い
(投資信託の)申込手数料	投資信託を買うときにかかる購入手数料のこと。手数料が無料のことをノーロードという。NISAつみたて枠の投資信託はすべてノーロード
信託報酬(率)	投資信託を持っている(保有している)ときに、差し引かれる手数料。一般にインデックスファンドは安く、アクティブファンドは高い。安いほうがリターンにプラスだ
基準価格	投資信託の値段のことで一日1回計算して発表される。1万口あたり1万円でスタートすることが多い。基準価格14000円なら、設定から40%値上がりしたということ
純資産総額	その投資信託で、現在どれだけの資金が運用されているかというトータルの金額。人気を表すひとつの指標だが、大きいほどいいというものでもない
分配金	個別の株式は普通、年に2回「配当金」が払われ、投資信託は年に数回「分配金」が払われる。 分配金を受け取るタイプと、受け取らずに再投資する(同じ商品を買い増す)タイプがある。NISAつみたて投資枠の商品は「再投資」型
リターン	儲け、値上がり益(売却価格ー購入価格)のこと
為替ヘッジ	外国に投資する商品のリターンが、為替変動の影響を受けないようにする仕掛けを為替ヘッジという。米国株が20%値上がりしたときに米ドルが20%値下がりするとリターンはゼロになるが、為替ヘッジをしていれば20%の利益はほぼそのまま。海外の投資信託は、ヘッジなしを勧めている(分散投資の効果が高くなるので)

54

借金しての不動産投資は、超ハイリスク

ワンルーム投資には手を出すな。将来を不安がる人が騙されやすい

まとまった元手が必要だけど、20代、30代に意外に人気があるのが不動産投資。ワンルームマンション投資に失敗して、うちへFP相談に来た女性は、20代から50代まで何人もいる。

ローンを使う投資には手を出さない、と心してほしい。これは不動産に限らない。不動産投資のねらいのひとつは、家賃収入。マンションの1室を持っていたら、たとえば月6万円の家賃が入る。将来、年金暮らしになったとき、年金のほかに月6万円あったら、ゆとりができる。よさそうだ。

問題は買い方。①よい物件を、②適切な価格で、③現金で買うのはOK。

でも20代、30代で現金で買える人は、まずいない。結果ローンを使う（×）。素人だから、プロの業者に、人気のない物件を（×）実際の価値より2割ほど高く（×）買わされる。

２０００万円のいい部屋を現金で買えば月８万円の家賃が入り、値上がりもある。

でも、価値１６００万円の部屋を、２０００万円で買わされたらどうだろう。全額ローンで買うと、毎月の返済額が家賃収入を上回るので、月１〜２万円の持ち出しになる。管理費や固定資産税の出費を合わせると年30万円超の赤字。苦しくなって売ろうとしたら、１５００万円以下でしか売れないかも……、**身動きがとれなくなる**。実際によくある話だ。

不動産投資は、成功した人の話ばかりが喧伝《けんでん》されるが、その裏に、騙《だま》されて泣いている人たちがたくさんいる。老後に不安を感じる人が、カモになっている。

将来、もし不動産投資をすることがあれば、**必ず第三者の専門家に相談しよう。**

55

超ハイリスクな「外貨FX」「信用取引」「商品先物」は絶対ダメ

大儲けするはずが1000万円の損、なんてことがザラ！

投資で予想以上に儲かると、「もっと、もっと！」と欲が出て、ハイリスク・ハイリターンの商品に手を出したくなる。

ネットにもSNSにも「私はこれで大儲けしました」という情報があふれている。その代表が、「外国為替《かわせ》証拠金取引（外貨FX）」。商品先物取引や株式の信用取引もある。共通するのは**借金をして投資する**こと。

株式の信用取引でシンプルに説明してみよう。

10万円の元手で9倍90万円の借金をして、100万円分の株式を買う。これが15％上がって115万円になれば15万円の儲け。たった15％の動きなのに、元手10万円が25万円へ150％の儲け！　当たればうまい話だ。

では下がったらどうなるか。100万円が85万円に15％下がると、投資した10万円では

絶対NG　超ハイリスク商品

外国為替証拠金取引(外貨FX)

元金(証拠金)の最高25倍までの資金で(24倍まで借りて)外貨を売買するもの。為替が予想と反対に動くと大きな損失が生じ、追加証拠金を払い込む必要も

株の信用取引

証券会社からお金を借りて株を買ったり、株を借りて売ったりすること。一般に担保として差し入れている金額の約3倍の取引ができるが、その分損失がふくらむリスクも大きい

商品先物取引

商品先物市場に上場されている「商品(原油、小麦など各種)」先物を、数%の証拠金で売買する。商品価格が思惑と反対に動くと、追加証拠金(追証)を支払うことになる

損を埋められないから、さらに5万円払うことになるぞ。

「投資が紙切れになる」という表現がある。会社の倒産で株式の価値がゼロになるリスクはあるが、出した額以上に損することはない。

ところが、借金しての投資（信用取引と呼ぶ。外貨FXもその一種）は、10万円がゼロになるだけでなく、追加で5万円、10万円と払って損を埋めなくてはいけない。これを「追加証拠金」とか「追証《おいしょう》」という。追いはぎよりも恐ろしい（損を抑える仕組みはあるが、人の欲はずっと強い）。

数万円、数十万円の投資が、数百万円の損になることがある。最初に儲かってどんどん投資額をふやして、FXで1000万円以上損した人を知っている。追証を払うために借金を抱えた人もいる。こんなハイリスク投資、今も将来も絶対に手を出してはいけない！

NISAだけで十分だ。

仮想通貨は、変動が大きいうえに詐欺や犯罪にも使われている。やりたい人は、「投資額がゼロになっても大丈夫」という金額でやろう。

Column

自分が夢見る豊かな人生、数字を使わず描いてみよう

Netflix（ネットフリックス）で、アメリカの人気ファイナンシャルプランナーが、いろんな収入、人種、ライフスタイル、背景の人たちのお金の相談にのるドキュメンタリー風番組が人気を呼んだ。ゲイのカップルが登場するのはさすがアメリカ。

彼は客に、最初にこう尋ねる。「あなたが夢見る豊かな人生とはなんですか」

豊かな人生＝Rich Life のリッチとは、お金をたっぷり持っていることじゃない。

年収が多く、立派な家に住んで、高級車に乗って、億を超える資産があっても、自分が何を望んでいるのかわからない、実現できない非リッチな人はたくさんいる。

あなたの目指す豊かな暮らしは何？　数字やお金にとらわれずに表現してみよう。

たとえば……

1．自分の興味のある分野、得意な分野（具体的に書こう）で仕事をする

2．喜びや悲しみを分かち合える恋人・友人がいる

3. 犬を飼う
4. 満員電車で通勤しない
5. 楽器が弾ける、楽器の練習ができる、2年に一度の発表会
6. 残業や休日出勤はしない、睡眠時間たっぷり
7. 週末は家族や友人と、ゆっくり楽しく過ごす
8. 年に1、2回、長期の休暇をとる、毎年新しい国を訪れる
9. 週末の夜に仲間と大騒ぎする
10. ………

これらを実現するためには、どうしたらいいだろう。

収入や貯金は必要だけど、それだけじゃ無理。よく考えて具体的な作戦を立てよう。

1と4のために転職、2のために自分をブラッシュアップして行動範囲を広げる。3と5のために引っ越し？　6のためには……？

収入がふえても貯金がふえても、プランをつくって行動しなければ、リッチライフは手に入らない。投資で財産をふやしつつ、リッチライフプランもおこたりなく。

6章

楽しく快適！「結婚・出産・子育て」

――やりたいことをあきらめず「パートナーとうまくいく」お金の新常識

Money Tips for Women to Find Happiness

56

結婚するつもりなら積極的に動く！

結婚は人生の重要プロジェクト。なりゆきまかせにしないこと！

晩婚、非婚が進み、日本では今や30歳女性の41％、男性の50％が未婚のシングルだ*。昭和の時代は、20代でほとんどの男女が結婚してたって知ってる？（笑）。

この年代のシングルに訊《き》くと、たいてい「ずっと結婚しないつもり」ではなく「いずれは結婚するつもり」。結婚しないのは「まだ、いい相手にめぐり合ってないから」。

でも、「いつか自然に、結婚相手にめぐり合える」と思っているなら、それは間違い。学校や職場で出会って結婚する人たちもいるが、運のいい少数派だ。

アメリカでは（たぶんヨーロッパでも）、素敵な人がいたら男性が女性に、女性が男性に声をかけて、お茶や食事に誘うのは当たり前。真似てみよう。独身者がパートナーを見つけるための場もたくさんある。マッチングアプリを使うのは常識。社会に「パートナーは努力して探すもの」「努力するのはいいこと」という共通認識がある。

日本でもアプリで出会って結婚する人たちがふえている。婚活サイトやサービスも百花《ひゃっか》繚乱《りょうらん》。これを活用するのは悪くないが、ほかのことでもできる。出会いがなかった場所に留まっていないで、**新しい場所に出ていこう。自分から誘ってみよう。**

先週、新しいことした？　新しい出会いはあった？　答えがNOなら改善の余地あり。趣味やスポーツ、旅行、アクティブに活動しよう。**「自分は結婚したい」ことを周りにアピールし、友人や知人、上司や親戚に紹介してもらおう。**

結婚は（あなたが望んでいるなら）、人生の最も重要なプロジェクトだ。先延ばししないこと。**仕事以上のエネルギーを注いで真剣にとり組もう。**

結婚するつもりはない？　その選択もかっこいい。ただ、先入観抜きでこの章を読んで、違う視点で結婚について考えてみてほしい。

＊「2020年版 男女共同参画白書」

未婚女性の心づもりは?

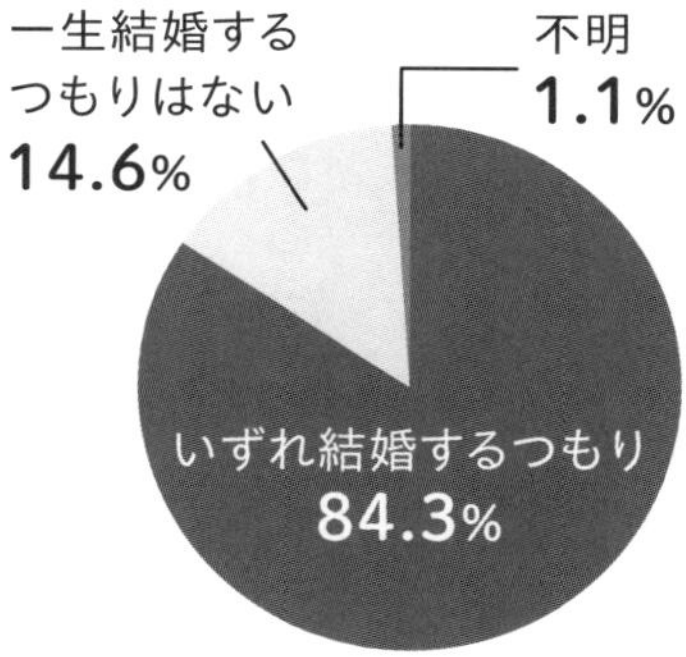

18 ～ 34歳の未婚女性2053人回答
国立社会保障・人口問題研究所
「第16回出生動向基本調査」（2021年）

57

そして絆は深まっていく

家事も子育てもシェアしていい。お金も時間も豊かになる結婚の秘訣

コンサルティングをしていて感じるのは、男性も女性も結婚に対してネガティブなイメージが強いこと。なかなか結婚に踏み切れないのは、無理もない。両親が仲良しだと、自然と「結婚したい」と思うらしいが、そんな両親に恵まれた人は多くない。

20世紀まで、女は結婚したら仕事を辞めて家庭に入るもの、という考えがあったが、21世紀になったら国が突然態度を変えた。「結婚しても女性は仕事を続けろ」と。

それをサポートするために、児童手当がふえたり、育児休業制度が前よりよくなったり、保育園に入れやすくなったりと、社会は変わってきた。でもまだ不十分。

多くの女性が、結婚して家事と育児の負担を抱えることに不安を感じている。20代後半から30代になれば、仕事の責任は大きくなる。女性は服装や心配りなど、仕事以外のことも期待されるから、男性より大変。そのうえに夫の食事や子どもの世話をするなんてとて

も無理、とあきらめてしまう。全部自分がやらなくちゃって、考えてない？　もったいない。対策はいくらでもある。**作戦で乗り切ろう。**

家事と育児を夫と分担するのは、当たり前。簡単な算数で考えてみよう。ひとり暮らしで10の家事をしていたら、結婚してふたりで分担すれば7に減る。ふたり暮らしの家事の量は、ひとりのせいぜい4割増し、14くらいだから。

子どもが生まれて、家事育児が＋6で20になっても、分け合えば10ずつ。大丈夫。最近は**家事や育児の代行サービス**が安価で手軽に利用できる。会社や市区町村の無料、割引のサービスもある。ベビーシッターと家事代行サービスをそれぞれ週1、2回頼んだとして費用はおそらく月数万円ほど。共働きなら出せる額だ。食事づくりも、レディーミールや宅配など、いくらでも手を抜ける。**手抜きバンザイ！**

負担を減らし、ゆとり時間をふやすための必要経費だ。

大切なのは、家事をしないと女性として価値がないとか、子どもは3歳までは母親が育てるべきだとか、**昔ながらの「思い込み」にあなた自身がとらわれない**こと。

「こうあるべきだ」と自分をしばるのはやめて、夫婦で楽しく家庭を運営しよう。ふたりで働いて、家のことも子どものこともふたりでやるのが、普通なのだ。

男も女も発想を変えよう。独身も楽しいけど、結婚生活はもっと深くて面白い。

58

時間とお金と、心までも浪費

不倫は人生のムダ遣いどころか大損だ!! 3カ月で見切りをつける! さもなくば……

「いい男は早く結婚する。いい女はなかなか結婚しない」

27歳くらいのとき、仕事で知り合った年下の男の子と何度かデートした。個性的で面白いヤツで、好きになるかも、と思いはじめた頃に、

「実は、結婚するんだ」と。

まだ真剣にはなっていなかったが、ちょっとショックだった。冒頭はそのときの彼のセリフ。ばかやろう！　と思ったが、なかなか核心をついているかも。最近確認したところ、彼のオリジナルではなく、ある作家の言葉らしい。

周りを見回すと、結婚していない30代のいい女がいっぱいいる。

その**いい女がおちいりやすいのが不倫**。なにせ周りのいい男は、たいてい結婚しているのだから。

だが、不倫はダメだ。あなたの「心」と「人生」をボロボロに蝕《むしば》んでしまう。容赦なく傷つける。自己憐憫《れんびん》におちいらせる。かけがえのないあなたの人生を、ムダに過ぎさせてしまう。

恋は心のコントロールを失ってしまうのもだから、何かのきっかけで、妻ある男性と恋に落ちてしまうことはあるかもしれない。でもその関係を続けてはいけない。

相手が「妻と別れる」と約束したら、3カ月だけ猶予を与えよう。3カ月が限度。それで何も変わらなければ、あなたから別れる。彼には決断力も行動力もない。妻を騙して外に恋人を持つのは卑怯だ。妻を騙す男は、あなたのことも必ず騙す。

そんな男に、自分の人生をコントロールさせない。自分をもっと大切にしよう。

不倫の相手に知らせずに、子どもを産んで育てた女性を知っている。彼女は自分で選んだ人生だ、と言っていたが、娘は、自分のアイデンティティーと存在意義に苦しんでいた。

希望のない関係を続けている間は、新しい恋に出合えない。自分の人生を設計することができない。**収入や貯金がふえても意味がない**。**お金をコントロールできないから**。

勇気を出してきっぱり別れよう。新しい出会いがやってくる。

既婚女性の不倫もふえていると聞くが、これにはノーコメント。

59

予定外のことにならないよう、十分気をつけて！

25歳前の「できちゃった結婚」はお金がキビシイ！　結婚までは避妊をしよう

結婚しない人がふえる一方で、結婚する人にふえているのが、いわゆる「できちゃった結婚」。「おめでた婚」「授かり婚」ともいう。2組に1組はこれ、という話も。20代後半以降のカップルなら、「結婚のきっかけができてよかったね」と言えるが、夫婦とも20代前半、さらには10代となると話は違ってくる。

若いうちの「でき婚」は経済的に大変だ。給料が安く、貯蓄がほとんどないところに、出産・育児の費用がかかる。若くて貯金ゼロで結婚しても、出産までに時間があれば貯められる。でも、でき婚は待ったなし。キャリアがほとんどない妻は、「育休とって復帰」をあきらめ、仕事を辞めるケースが多い。**もちろん、辞めないほうがいい**んだけど。準備が整わないまま新生活をスタートすると、借金を背負うリスクも高くなる。

望まない妊娠を避けるには、男性はコンドームを使うのがマナーだが、女性も自身で避妊を。産婦人科でピルを処方してもらうのが確実だ。費用は医療機関によって違うが、1カ月分で2000～3000円くらい。初診料が別に2000円くらい。クリニックによっては、追加で検査料が数千円かかる場合もある。

ネットで探すと、オンライン診療でピルを自宅に送付してくれるクリニックもある。セックスのあと72時間以内に服用して妊娠を避ける「アフターピル」もある。婦人科でもネットでも手に入る。まだ妊娠したくない人は、チェックしておこう。

それでも、100％の避妊法はないから、妊娠するかもしれない。それで結婚・出産となるなら、やっぱりおめでたい。課題は、経済的な大変さをどう克服するか。

まず気をつけたいのが、**借金をしないこと**。貯金がないからと、分割払いやリボ払いを使うと、あっという間に借金がふくらんでしまう。苦しいなら親に借りよう。

国や地方自治体には、子どものいる家庭をサポートするさまざまな制度がある。住んでいる市区町村の役所の窓口で相談しよう。いろいろと教えてくれる。

結婚当初は、夫も妻も生活に追われて大変だ。でも、3年後、5年後に目を向ければ、やがては妻も働きはじめ、貯金もできる。最初を乗り切れば楽になる。

夫婦で力を合わせれば大丈夫！　**周りにも助けてもらってがんばろう！**

60

妊娠を先送りすることに伴うリスク

産めるのは当然のことじゃない。不妊治療には健康保険が使えるから早めにトライ！

今、カップルの**5組に1組が不妊**といわれる。不妊は特別なことじゃない。妊娠を先延ばしにしていると、「そろそろ」と思ったときにできないかもしれない。

結婚を考えはじめたら、パートナーと子どもを持つことについて、じっくり話し合おう。いずれは子どもがほしいと考えるなら、妊娠を先送りしすぎないようにしよう。

今は40代での出産も珍しくないが、年齢が上がるにつれて妊娠しづらくなるのは事実。避妊せずに1年待っても妊娠しないときは、夫婦一緒に専門医で受診しよう。

以前は、健康保険の対象外だった**不妊治療が**、２０２２年4月から**保険適用**となった。グッドニュース！　体外受精は自費診療だと1回70万円以上かかるが、保険適用だと20万円以下。ただし、体外受精や顕微授精に保険が適用されるのは、女性42歳まで。それ以降は治療の効果が期待できにくいからだ。かといってあきらめる必要はないが、30代のうち

不妊の検査や治療を受けたことがある夫婦の割合

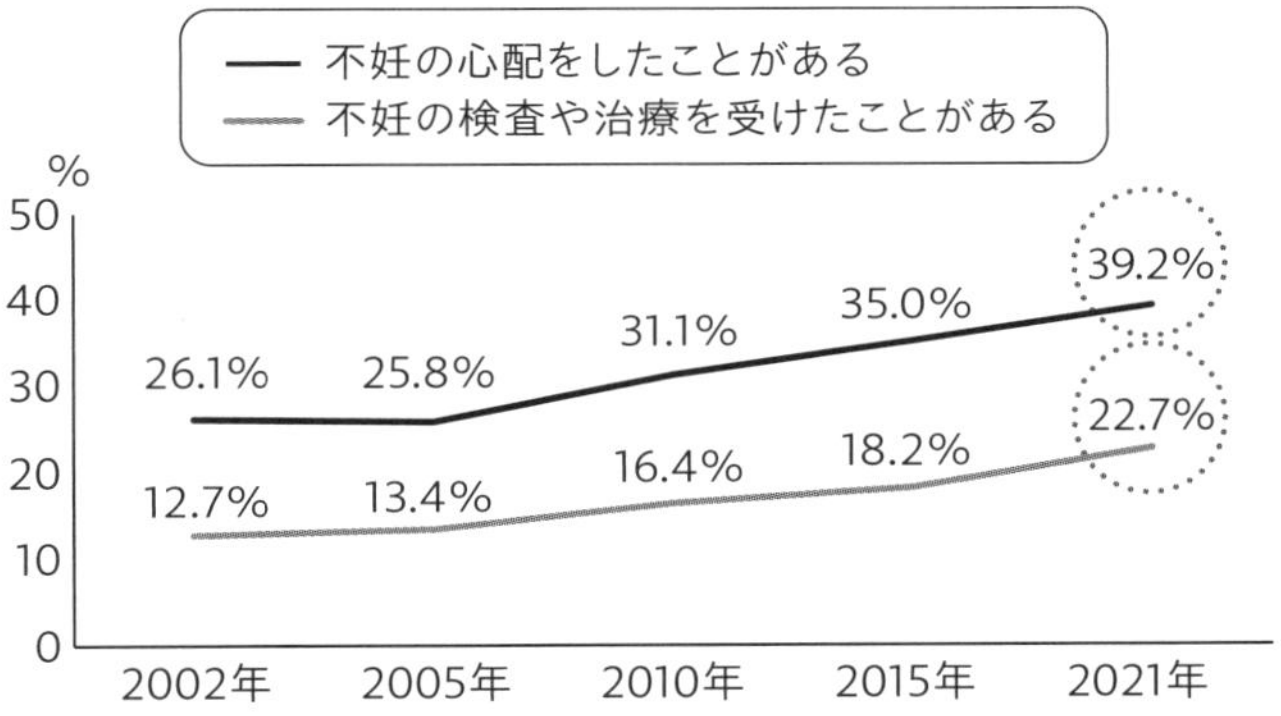

国立社会保障・人口問題研究所「第16回出生動向基本調査」（2021年）

に治療を始められるといい。治療は女性にとって、時間的、肉体的、精神的な負担が大きい。それをサポートする国の制度はまだ整っていないが、個別に対応してくれる企業や部署もある。あきらめずに、上司や福利厚生部門に相談してみよう。

治療しても授からないことはある。治療する期間や資金の目安をあらかじめ決めておくといい。その間に成果がなかったら、気持ちを切り替えよう。

日本ではまだ一般的ではないが、養子を迎えることもできる。わが家の次女は養子だ。でも、子どもの有無にかかわらないライフワーク、生きがいは、独身のときから探し続けていこう。

61

理想は妻6カ月+夫6カ月の育児休業

どんどん充実する育児休業。これでさらに有利に。もちろん夫にもとってもらう

「出産後も働き続けよう」と、ずうっと言い続けている。自身も実行している。

ヨーロッパなどに比べると、まだ遅れているが、日本の「育児休業制度」もどんどん充実している。これを最大限使おう。

育児休業制度とは、子どもが1歳になるまで会社を休める国の制度で、休んでいる間は一定の給付がもらえる。保育園に入所できないなどの理由があれば、最長2歳まで延長できる。金額は休む前の給料（手取り）の3分の2を当初の半年。その後は2分の1。父親も母親も使える。

この制度が適用されるのは、雇用保険に加入している人。つまり会社員や公務員だ。派遣社員も一定の条件を満たせば使える。フリーランスや自営業者は対象外。

つまり、**女性は会社員か公務員のときに出産すると有利**、ということ。いずれ独立して

フリーランスになろうとか、起業しようと計画している人は、会社員の身分のうちに産むといい。育児休業中に起業準備をするチャッカリさんもいる。

父親も、もちろん育児休業をとるべし。形ばかりの1週間とかではなく、妻と同じ期間。半年ずつなら、どちらも前年給与3分の2の給付を受けられる。

男女平等が世界一進んでいるアイスランド*はこのスタイル。育児休業は夫も妻も6カ月で、ほとんどの父親が6カ月取得するそうだ。

いろいろな事情で、いったん仕事を辞めて出産・育児という女性もいるだろう。その後、フルタイムに復帰するなら問題ないが、パートで働くときは、いくらの収入まで働くかが問題になる。年収103万円や130万円のラインを境に、夫の「配偶者手当」を打ち切られたり、税金や社会保険料を負担しなければならなくなったりするため、手取りが減ってしまう可能性があるからだ（186ページ参照）。

家計の足しや自分の小遣いのためだけに働くのなら、100万円くらいに抑えるのが有利だが、**いずれはフルタイムで働きたいなら、**一時的には損をしても**たくさん働いてキャリアを積んだほうがいい。**収入のない（少ない）配偶者への税金、社会保険料の優遇は縮小傾向にある。目先の損得だけにとらわれず、長い目で見て満足できる働き方を選びたい。

*「ジェンダー・ギャップ指数2024」(世界経済フォーラム)

62

日本の育児休業制度、こんなによくなっている

働き続けるために知っておきたいうれしい育児休業制度、おかしな税金のこと

働き続けるために知っておきたい、国の制度や税金を次にまとめた。確認しよう。

POINT

●育児休業制度とは

産休後に育児休暇をとると、最長で子どもが1歳になるまで（一定の条件を満たせば2歳まで）、雇用保険から給付金が支給される制度（育休に入る前の2年間に11日以上働いた月が1年以上あることが条件）。

給付金は、①当初の6カ月は休業前の平均給与の67％、②6カ月以降は給与の50％。この従来の育休とは別に、産後－週間以内に4週間までを1回または2回分割で休める「産後パパ育休制度」もある。里帰りせず、ふたりで出産直後を乗り切れる。

妻の収入と税金、社会保険料の関係

妻の年収ライン	この額を超えると	妻の負担
103万円以上	103万円を超えた金額に**所得税がかかる**	課税所得195万円以下なら**税率5%** 税額は**1万円あたり500円**程度（年収105万円で1000円）
106万円以上	勤務先と労働時間によっては**社会保険に加入する**（夫の扶養を外れる）	厚生年金と健康保険の保険料は**年約15万円〜**（該当すると130万の壁は関係なくなる）
130万円以上	**自身で国民健康保険・国民年金に加入する**（勤務先の社会保険に加入しない場合）	国民年金は年間20万円。国民健康保険・国民年金、**合計で30万円前後〜**

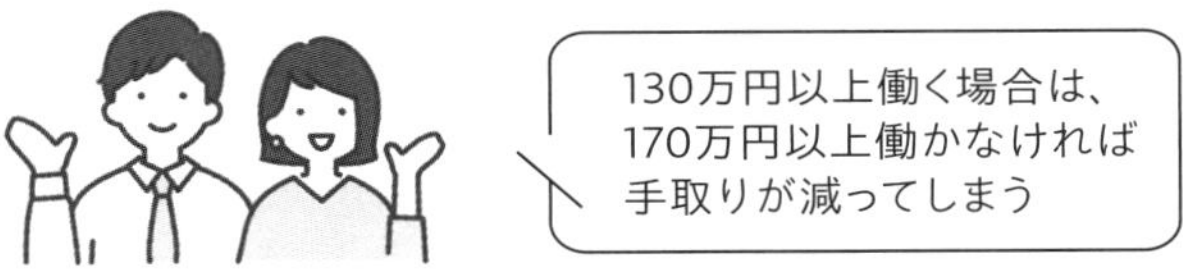
130万円以上働く場合は、
170万円以上働かなければ
手取りが減ってしまう

POINT

●妻のパート収入と税金、社会保険料の関係

妻がパートタイムで働くとき、年収が一定のラインを超えるごとに、段階的に税金や社会保険料を負担する仕組みになっている。

最初のラインは１００万円。年収が１００万円を超えると住民税を払うことになる。

次が**１０３万円**。これを超えると所得税を払うことになる。ただし、どちらも税額は大きくない（１００万円、１０３万円を超えた分に対してそれぞれ５％くらい）。

夫の勤務先に「配偶者手当」があると、１０３万円の影響が大きくなる。会社によって違うが、妻の収入が１０３万円を超えると手当て打ち切りのところが多い。手当てが月３万なら年36万円の世帯収入減となる。

１０６万円以上になると、勤務先や労働時間によって、社会保険へ加入することになり（夫の社会保険の扶養から外れ）、自分で健康保険料と厚生年金保険料を払う（給料から源泉徴収される）ことになる。65歳に受けとる自分名義の老齢厚生年金が少しふえる。これに該当する場合は、１３０万円のラインはない。

130万円以上になると、妻は夫の扶養から外れ、自分で年金や健康保険料を負担することになる（勤務先の社会保険に加入できない場合）。130万円の場合、国民健康保険と国民年金は合わせて30万円前後。働いて収入がふえても手取りが減ってしまう（国民年金はふえない）この制度、なんだかおかしい。

150万円以上から配偶者特別控除が段階的に減り、201万円でゼロになる。その分、夫が払う税金がややふえるが、妻の収入には影響ない。気にしない。

Column

独身でも既婚でも子どものない女性へ。働き方のアドバイス

気持ちよく働ける、働き続けられる職場の環境づくりは、会社のマネジメントの責任だが、社員一人ひとりに、そして自分にもかかっている。

子育てをしている女性、男性は、時短勤務ができる制度がある。残業せず定時で帰宅できるよう、職場は配慮する義務がある。子どもの病気で休んだり、早退したりする権利も保障されている。

でも、だからといって、彼らの仕事が、子どものいない人たちに回されて、その人たちの残業や負担ばかりがふえるのはおかしい。そうならないよう、仕事の配分、スケジュールなどを管理する義務が、職場の責任者にはある。

自分を守るためには、**納得できない仕事配分や残業命令に「ＮＯ」と言おう。**

無理して引き受け続けると、早く帰宅する人が憎くなる。子育て女性と、子を持たない女性・男性が対立する醜い構図になる。育児休業をとりにくい、子育てしながらは働

けない雰囲気になる。これは最悪。絶対に避けたい。そんな問題が起こったら、職場や会社全体の問題として、課長や部長に訴えよう。具体的な方策を提案しよう。

子育てだけでなく、不妊治療をしながら働ける、がんの治療を受けながら働ける、親の介護をしながら働ける、障がいがあっても働ける。暖かく応援し合う。それが理想だ。

私が実行した作戦を紹介しよう。

「結婚しても出産しても仕事を続けるぞ！」と就職したときから決心していたので、最初から、「できるだけ残業しない」を心がけた。定時退社できれば、子育てしながら働くのは難しくないはず、と信じていた（正解だった）。

平日の夕方は、デートや習い事の用事をつくって定時に退社。同僚に嫌味を言われても気にしなかった。上司に呼び出されても「人の仕事を手伝うための残業はしません」と宣言した。「あの子に残業は頼めない」とあきらめさせた。

その分、6時まではよく働き、仕事時間外に勉強してスキルアップを心がけた。

結局、結婚も出産も子育ても、独立起業してからだったけど、残業しない働き方を身につけたおかげで、さほど苦労せず仕事を続けられた。

残業が当たり前の**「日本のおじさんの働き方」を真似しない**。自分のために、女性のために、すべての労働者のために、すべての家族のために。

63

お金をかけなくとも、子は育つ！

意外？ 子どもにお金はかからなかった！ 子にかける教育費は親の趣味費だ

結婚しても、子どもを持つのをためらう夫婦が多い。理由は「お金がかかるから」。メディアが盛んに脅しているから無理もないが。

でも心配しないで。子どもにかかるお金は「私立の学校に通わせよう」とさえしなければ大変ではない。フッーの収入で十分まかなえる。赤ちゃんのうちはミルク代とオムツ代ぐらいだから、児童手当で、ほぼまかなえる。（手当の額は子1人0～2歳が月1万5000円、2歳～高校3年末まで1万円。3人目から月3万円）

保育園は0歳から2歳までは月数万円かかるが、3歳以降は原則無料。幼稚園は、以前は月3万円くらいだったが、2019年スタートの無償化で、親の負担は大きく減った。その後、公立の小学校に進めば、給食費くらいでお金はさほどかからない。

むしろ**問題は、お金を「かけすぎる」こと。**おもちゃ、ゲーム、服などを次々と買い与える。習い事や塾にかけもちで通わせる。親の見栄もある。周りと同じことをしてやらないと、という恐怖心も大きい。ところが、お金をかければかけるほど、親は子に見返りを期待する。いい成績。いい大学。いい就職先。いい結婚相手。老後の面倒。これでは、子どもの重荷になり、自立を妨げる。**引きこもりの原因のひとつが「親の期待」**だ。

子どもにかけるお金は、親自身が満足するための趣味費と見なそう。

逆に、子どもにお金をかけないと決めてしまえば、親も子も楽ちんだ。お勧め。

もうひとつ。**「子どもを持つと、やりたいことができなくなる」は嘘**。私自身、子どもを持つ前は不安だった。最初は少しとまどったが、すぐに慣れて、うまくペース配分できるようになった。人の手を借りてちょっと工夫をすれば、やりたいことをあきらめなくてよかった。ヨットも続けたし、海外旅行にも行った。

何より子どもは面白い。思いもつかないようなことをしたり言ったりするから、一緒にいるだけでたっぷり楽しませてもらえる。プロのお笑い芸人も子どもの足元にも及ばない。もちろんイライラすることもあるが、人生は面白くなって思わぬ方向へ広がる。

ネガティブな情報に振り回されず、「子どもを持ちたい」「家族で楽しく暮らしたい」という気持ちに素直になれるといいよね、女性も男性も。

64

入籍しない・できないことのメリット・デメリットを知るべし

同性婚や事実婚は、ここに気をつけて選択しよう

入籍する結婚の数が減る一方で、籍を入れない結婚（事実婚）や同性同士の結婚はふえている。ここでは、恋愛の延長でなんとなく一緒に住んでいる、というのではなく、一生のパートナーシップを結ぶ覚悟のカップルを指す。

私のところでも、事実婚カップル、同性カップルのFP相談はふえている。女性が自分のパートナーをMy wife、男性がMy husbandと呼ぶのにもだいぶ慣れた。

日本に住むフランス人とスイス人の異性カップルに「結婚する予定は？」と尋ねたら、「結婚したら税金か何かのメリットがある？　ないなら結婚する意味はないと思う」という答えだった。なるほど。

フランスやイギリスでは、事実婚でも制度婚とほぼ同じ権利が保証されているので、窮屈な制度を嫌って結婚登録しないカップルがふえているという。

でも日本では、**入籍しないことのデメリット**がいろいろある。以下は一例。

・子どもが非嫡子《ちゃくし》になる（夫の父親としての義務と権利が認められない）
・家を買うとき、一緒に住宅ローンを借りられない
・入院の際、保証人になれない。重病のとき面会が許可されない
・生命保険金の受取人になれない
・遺族年金の受取人になれないことがある
・相続で、有効な遺言がないと財産を相続できない。相続税が高くなる
・養子を迎えるのが難しくなることがある

２０２４年11月現在、日本ではまだ夫婦別性が認められていない。これが、事実婚が選ばれる理由のひとつだ。結婚で苗字を変えるほうには大きな負担がかかる。仕事とプライベートで姓を使い分けるのも面倒。離婚の際も大変だ。

入籍するかしないかは、カップルの信条による。ただ、子どもを産み育てる場合は、子どもにどんな影響があるかを、しっかりと調べておこう。

同性カップルにも結婚と同じ権利を認める地方自治体もふえている。正しい情報と対策のため、パートナーシップを結ぶときは、ＦＰなどの専門家に相談すると安心だ。

65

愛に国境はないが、海を越えるとお金のことは難しくなる

恐れなくていい！ 国際結婚、海外移住という選択肢

ボーダーレス化が進み、地球がどんどん小さくなっているように感じる。

長崎の小さな町で生まれ育った私は、「一生に一度でいいから、アメリカという国に行ってみたい」と夢見ていた。自分が大人になって、世界を旅行したり、アメリカに住んだり、国境をまたぐ仕事をするようになるとは思ってもみなかった。

国際結婚も特別なことではなくなった。日本で結婚するカップルの3・5％、30組に1組は、夫婦の一方が外国人だ（厚生労働省「人口動態調査」２０２３年）。

愛は国境を軽々と越える。外国の人との結婚を恐れることはない。ただ、国際結婚ゆえの課題がいくつかあるから知っておこう。お金の面では、たとえば、

- **海外旅行費がかさむ**
- **キャリアプラン、家の購入、子の教育など長期の計画が立てづらい**

・インターナショナルスクールを選ぶと、教育費が高くなる

国内でも北海道と九州の人が結婚したら、帰省の費用が大変だが、片方の親族が海外在住だと、旅行費はかなりの額になる。

日本に住むか海外に住むか、仕事や双方の家族の状況で変わることが多いので、長期の計画が立てにくい。すると、日本で家を買うか、子どもの教育をどうするか、はたまたどこで退職するか、答えを見つけるのがけっこう大変だ。

FPとしてのアドバイスは、いちおう10年、20年の**実現可能な長期プランを立てて、それに沿って暮らし、お金を貯める。半分は相手の国の通貨で貯める。**状況が変わったときには、臨機応変に対応できるよう備えておく。これで、かなりうまくいく。

先がわからないから、とプランを立てないままだと、風に漂う船のように、目的地が定まらず、お金も貯まらず、いつも不安から逃れられない。

離婚が多いのも国際結婚の現実。海外に住んでいるときに離婚することになったらどうするか。帰国したくなければ、**その国で自立できる仕事力と経済力をつけておこう。**

今は予定がなくても、将来、留学、就職、結婚で海外に引っ越すかもしれない。日本を出るときは、公的年金、銀行口座、貯金や投資など、お金のいろいろな問題を解決する必要がある。そんな人生の節目には、やっぱり専門家の助けを借りると安心だ。

Column

コミュニティー持ってる？お金より価値がある人間関係の広げ方、保ち方

アメリカで数年暮らして日本に戻り、気づいて唖然《あぜん》としたのは、「日本にはコミュニティーが少ない」ということだ。コミュニティーとは地元の集まり、人間関係のこと。昔は三世代同居の大家族で近所はみんな知り合い。みな助け合って暮らしていた。でも互いに干渉しない都市の暮らしが広がって、近所の人とはゴミ出しですれ違う際に挨拶するだけになった。これは寂しい。ひとり暮らしだと孤独死の恐れも。

日本より都市化が進んでいるアメリカに、コミュニティーがあった。まずはキリスト教会。毎週末に礼拝に集う人たちのつながりは強い。イベントやチャリティーを一緒にやる。クリスマスとイースターしか教会に行かない人も、**ゆるく繋《つな》がっていて、困ったときは助け合う。いろんな年代や人種、背景の人が共存していて素敵だった。**

出身国別のコミュニティーもある。日本、中国、フィリピン、メキシコ、インド……いろいろ。母国の祭りをしたりバーベキューをやったり。私は黒人教会のチャリティー

を手伝い、日本人コミュニティーで盆踊りや正月を祝い、太極拳の縁で中国人コミュニティーにも入って春節（旧正月）やピクニックに混ぜてもらった。風邪で寝込んだとき、友達が日本食をつくって見舞いに来てくれた。

日本はみなが仕事で忙しく、「家には寝に帰るだけ」の人が多い。仕事の人間関係がなくなったら友達ゼロになりかねない。結婚しない人も多いし、パートナーがいてもずっと一緒という保証はない。子どもを育てても、やがて巣立って行く。

近所に友達をつくろう。そのためには自分から動く。**地元の継続的な活動に参加する**のがいちばん。探せばいろいろ見つかるはず。お祭り、オーケストラ、消防団、公園のラジオ体操、ジョギング、シェア畑、子ども食堂ボランティア……なんでもいい。何度か参加したら、気が合いそうな人をお茶かランチに誘ってみよう。数人で地元の居酒屋、というのも素敵だ。互いの家に招き合うようになったら最高。

ちょっと手伝えることを見つけて申し出てみよう。自分が困ったときは助けを求めてみよう。助けたり助けられたりすることで、人間関係は少しずつ深くなっていく。

日本に戻って、私もいろいろ工夫している。近所の教会、町内会、図書館でのミニコンサート。定食屋や飲み屋の常連さんとおしゃべりし、シェアオフィスの友人を家に招く。近所に友達がいると、なんだか毎日が楽しくて、心強いよ。

人生の3大イベントに備えるシンプルな方法

66

本当にこれだけで足りる？「収入の15％貯金」その内訳

お金の相談に来る人の多くが「いくら貯めたらいいのかわからない」と不安でいっぱいだ。一生懸命節約して必死で貯めているのに、安心できない。

いくら貯めたらいいか、目安を知っておけば、人生がぐんと楽になる。

答えは、手取り収入の15％。

人生の目的も背景もプランも、人によってそれぞれ。ここでは、一例としてパートナーと一緒に家庭をつくる場合を考えてみよう。人生でまとまったお金が必要になるイベントは、住まいを買うとき、子どもが大学に入学するとき、自分が退職するときの3つ。この3つに備えればいいわけだ。

まとめると、貯める目安は次のとおり。結婚カップルを前提としてるので、年収とは夫婦の合計だ。

①住宅資金＝年収の1・5倍（→213ページ参照）
②大学資金＝子ひとりにつき年収の0・5倍、子ふたりなら年収分。
③退職後資金＝年収の3倍（退職金が年収の2倍あるとき）（→228ページ）

子どもの大学4年間にかかる費用は、進路によって500万円（自宅から国公立）～1000万円（自宅外で私立文系）。貯める額は250万～500万円。多少増減しても問題ない。子どもふたりの家庭なら、トータルで貯める額は年収の5・5倍になる。これを25歳から65歳までの40年間でつくるなら、毎年の貯金は収入の14％弱となる（550％÷40）。子どもの独立後は貯金の割合をふやせるから、それまでは15％で十分だ。スタートが25歳より遅い人は、その分少し割合をふやそう。

つまり、今貯金ゼロでも、手取り収入の10～20％を貯め続ければ、人生の必要な出費はカバーできるってこと。シングルの今も、結婚してからも、割合は同じ。

ただし、高すぎる家を買ってローンを借りすぎたり、子どもに教育費をかけすぎたりすると、退職後の資金が足りなくなる。自分の収入に見合った住まい、子の教育がポイント。

無理しない。見栄を張らない。

貯金は運用するかしないかで差が出る。利回りがいいと大きなゆとりが生まれる。

Column

年収と貯金の額では、幸せは測れない

収入も貯金の額も多いほうがいい、とたいていの人が思っている。

収入がふえたら最新のiPhoneが買える。好きなブランドの服や靴が買える。海外旅行にビジネスクラスで行ける、話題の高級レストランで食事ができる、素敵なマンションに住める。お金はどれだけあっても、邪魔にならないと思う（実際にはいろいろな、深刻なトラブルの原因になる）。

これまで、1500人を超える人たちのお金の相談を受けてきたけど、「年収や貯金が多いほど、人生の満足度や幸せ度が高い」とはいえないことがはっきりわかった。

・好きな仕事をして年収300万円の人生と、嫌いな仕事をして年収3000万円の人

生と、あなたはどちらを選ぶ？

・好きな仕事をしている年収300万円の男と、嫌いな仕事をしている年収3000万円の男と、あなたは結婚相手にどちらを選ぶ？

・都心にある3億円のタワーマンションと、郊外の海の見える丘に建つ2000万円の中古の戸建てと、どちらに住みたい？

・今、自由に使えるお金が100万円あるのと、65歳で1億円あるのと、どちらがいい？

・65歳になったとき、貯金1000万円で親友が3人いるのと、資産10億円あって友達がいないのと、どちらがいい？

金額は、物事を測るための便宜的な物差しでしかない。

大切なのは、**年収や貯金額で人の価値を測らない**、**自分の価値を測らない**こと。育休をとって年収が減ったとき、自分や夫の価値が下がったと感じるの、変でしょ？

食うに困るというのでなければ、年収300万円も1000万円も3000万円も、貯金300万円も5000万円も2億円も、暮らしはそんなに変わらない。

大切なのは、自分がやりたいことを知っていること。それを実現する方法を見つけること。そしてそれを実行すること。お金はそのための手段のひとつ。

いかに稼ぐか、いかに使うか。いかに貯めるか、いかにふやすか。いかに寄付するか。

そこにあなた自身が現れる。そこであなた自身がつくられる。

金額だけに焦点を合わせないように気をつけよう。今も、これからも、ずっと一生。

7章

住まい・保険とハッピーリタイア！

――今これだけ知っておけば「将来の備え」は万全！

Money Tips for Women to Find Happiness

67

金額の損得だけでは答えは出ない

家は買うべきか、借りるべきか？

シングルでも既婚でも、家を買わず、賃貸住宅に住み続ける人もいる。それもあり。

持ち家にも賃貸にも、メリット、デメリットがある。どちらがトクかという金額のシミュレーションをしても、あまり意味がない。物価上昇率や不動産価格がどう動くかで、結果は逆になってしまう場合もあるからだ。

若いときに買った不動産が値上がりすれば、損得では「買ってよかった」となるが、住宅ローンを払い続けるために、やりたい仕事をするための転職をあきらめたり、遠距離恋愛のパートナーのもとへ飛んでいけなかったりしたら、人生では大損をしたことになってしまう。

金額の損得より、どちらが自分の生き方、ライフスタイルに向いているかで決めよう。住む場所や住宅ローンにしばられず、**自由な生き方をしたいなら、賃貸**がいい。

持ち家と賃貸の違いとは?

	持ち家	賃 貸
メリット	● 自由にリフォームでき、「住」の質を高められる ● 貸したり、売ったりできる ● わが家という安心感、満足感がある	● 自由に住み替えられる ● 管理やメンテナンスが不要 ● 住宅ローンの負担がなく、資産の流動性が高い
デメリット	● 住むところが固定される ● 長期のローンが負担になる ● 値下がりする可能性がある ● 管理やメンテナンスの手間、コストがかかる	● 退職後も家賃がかかる ● 自由にリフォームできない ● 高齢では借りにくいことも

リバースモーゲージって?

リバースとは裏返し、モーゲージとは不動産を担保とするローンのこと。60〜65歳以降、住んでいる自宅を担保にローンを借りて(上限は不動産の価値の50〜60%)、借りた分の利息だけを返済する仕組み(1000万円を金利3%で借りたなら支払いは月2.5万円)。借主が亡くなったあとに金融機関が不動産を売って精算する。自宅の資産価値を現金として使えるのが魅力。金融機関によって仕組みや条件が違う。マンションに対応するところは少ないが、ある

不動産を持つことで、**安心感や働きがいを見つけられる人は、家を買う**といい。ただ、買うときは慎重に。209ページ以降を参考にして売りやすい物件を選び、無理のない資金プランを立てることが条件だ。失敗すると家が人生の荷物になる。

子どものいないカップルやシングルは、不動産を遺す人がいないので買うのは損、と考えて足踏みする人が多かった。しかし、今は**「リバースモーゲージ（ローン）」**がある。

住宅金融支援機構の「リ・バース60」や各銀行が扱っている。自宅に住み続けながら、自宅を担保に資金を借りて、生活費などにあてる。返済は利息分だけだからわずか。わが家を老後資金としてムダなく活用できる。住まいがぐんと買いやすくなった。

68

家族構成やライフスタイルが、重要な検討ポイント

結婚してすぐ家を買ってはいけない納得の理由

結婚と同時に、あるいは結婚まもなく子どもが生まれる前に、マイホームを買うカップルがいる。たいてい親の援助がある。援助があっても、このタイミングは勧めない。「結婚生活をぴかぴかの新居で迎えたい」気持ちはわかるが、20代や30代前半で、**結婚してすぐに家を買うと失敗しやすい**。

理由はまずお金。まだ十分な自己資金が貯まっていないから、その分多くローンを借りることになる。**頭金ゼロで買う人もいる。これは危険! 絶対やめるべきだ。**

具体的な資金プランは211ページで説明するが、家を買うときは、物件価格の25~30%の自己資金を準備したい。3000万円のマンションなら750万~900万円。これより少ないと、ローンの借りすぎで毎月の支払いに長く苦しむことになる。

ふたつ目の理由は、結婚後すぐは、ライフスタイルも家族構成も決まっていないから。

共働きのつもりでローンを借りたが、事情があって片方が仕事を辞めて収入が半減、プランが壊れてしまった例もある。子どもが何人になるかもわからない。大人の生活の視点で家を買ったら公園や保育園がない、小学校の学区がよくないなど問題が出てくる。

高価で何十年も住むことになる住まい。正しく選んで快適に暮らすには、買い急がない。**上の子が小学校に入る前あたり、親の年齢では40歳前後がひとつの目安だ。**

早まって家を買うと失敗する理由

①頭金が貯まっていない

↓

ローンの借りすぎで家計が苦しくなる

②住宅ローンの知識がない

↓

業者の言いなりで、自分に合った安全なローンが組めない

③夫婦の働き方が決まっていない

↓

共働きを前提にローンを組んだら、片働きになってピンチを招く可能性が

④家族構成が決まっていない

↓

子どもが生まれて家族がふえたら、間取りや立地、環境が合わなくなる

⑤不動産を見る目がない

↓

価値のない(売れない)物件を高く買ってしまう

69

この資金プランなら、ローン地獄にはまる失敗なし!

ローン地獄にバイバイ。家を買うなら価格は年収の5倍まで。住宅ローンは4倍まで

マイホームを買うベストタイミングは、既婚者でもシングルでも、ライフスタイルが固まる40歳前後だ。20代や30代前半で買うべきではない（209ページ参照）。

ここでは、将来住まいを買うときのマネープランのポイントを押さえておこう。

いちばん大切なことは、住宅ローンを借りすぎないこと。そのために正しい目安を知っておこう。次のとおり。

・住まいの値段の目安は、税引き前の年収の5倍
・住宅ローンは同年収の4倍まで

213ページの表の数字は、既婚者もシングルも同じ。年収400万円なら、2000万円（5倍）の住まいを1600万円（4倍）のローンで買うのがモデルケース。年収400万円同士のカップルなら、予算はこの2倍。

2024年現在は住宅ローン金利が歴史的に低いので、ローンは5倍までOK、とアドバイスしている。すると価格は年収の6倍が目安になる。現実にはこれよりはるかに多く借りている人たちがいて、苦労している。破綻した人や破綻寸前の人もいる。

銀行は、収入が安定している人には年収の7倍でも8倍でも「大丈夫ですよ、貸しますよ」と言ってくる。でも、**借してくれる額と、あなたが無理なく返せる額は違う。**年収の4倍を超えて借りると「ローンを返すために働いているのか」と空しくなってくる。

自己資金は、頭金と諸費用の合計を準備しよう。「頭金」として物件価格の20％（＝年収と同額）、「諸費用」として価格の5～10％が必要。新築は5％。中古が10％と高いのは手数料などが余分にかかるためだが、いい買い物になることが多い。

年収合計800万円カップルのモデルプランは次のとおり。

・住まいの価格　4000万円（年収の5倍）
・自己資金　1200万円（年収の1・5倍）
　内訳　頭金800万円＋諸費用400万円
・住宅ローン　3200万円（年収の4倍）

親が援助してくれると自己資金がふえるので、その分、買える価格もアップする。

安全な資金計画の目安

税込み*年収	買える住宅価格の目安(年収の5倍まで)	借りていい住宅ローンの金額(年収の4倍まで)
400万円	2000万円	1600万円
500万円	2500万円	2000万円
600万円	3000万円	2400万円
700万円	3500万円	2800万円

※年収分の頭金を準備する場合。共働きは夫婦の収入を合計した年収で考えていいが、その場合はローンを完済するまで共働きを続けることが条件。妻が退職する可能性があるなら、夫の年収だけで予算を立てよう

*税込年収は、カップルの場合は合計額

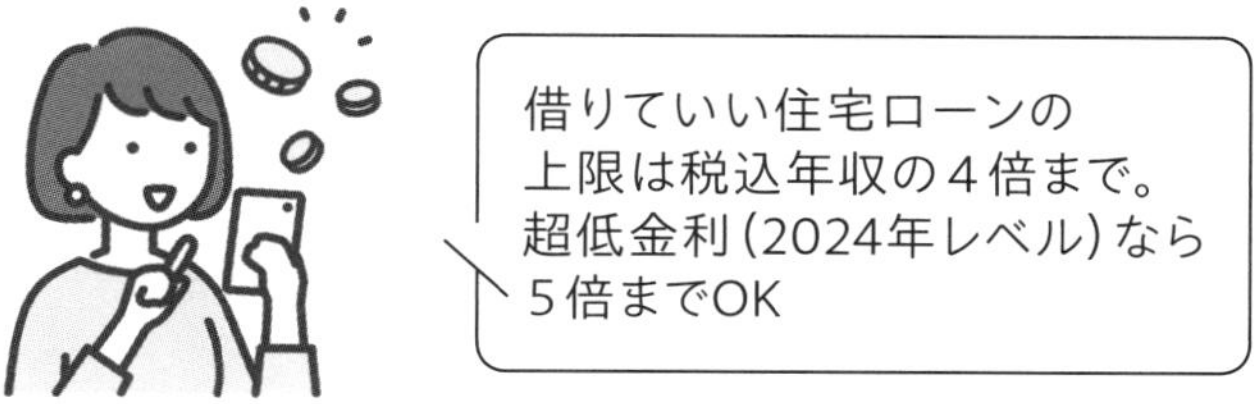
借りていい住宅ローンの
上限は税込年収の４倍まで。
超低金利(2024年レベル)なら
５倍までOK

70

ムダを省いて必要な保障だけ選ぶ！

生命保険。シングルなら「医療保険」だけで十分

若いうちに、勧められるまま保険に入ると、たいていは見当違いで、年に数十万円も損することになる。月３０００円ですむところを２万円払っていたら、年約20万円の損になる。10年で２００万円、30年で６００万円！　月払いだから損が見えにくい。

生命保険は目的で分けると、**死んだときのための保険（死亡保険）**と、生きるための保険、つまり、病気やケガで**入院したときのための保険（医療保険）**がある。

死亡保険が必要なのは、誰かを養っている人だけ。たとえば小さい子〜未成年の子がいる家庭の働き手。誰も養っていないシングルは、死亡保険はいらない。

医療保険は、病気やケガで入院したときに、入院日数に応じて「入院給付金」が払われる。手術をすると「手術給付金」が払われるタイプもある。入院による出費増や収入減に備えるための保険で、仕組みは商品ごとに違う。シングルに必要なのはこれだけ。

医療保険の保険料例：女性

入院給付金日額	月額保険料（65歳払済）		メモ
	25歳	30歳	
5000円	2591円	2937円	入院給付金は1入院60日まで、がんは無制限。手術したときは給付金が払われる。オプションで保障をふやせる
1万円	4946円	5632円	

※オリックス生命「CURE Next」の例。保険料は2024年7月現在

入院一日当たりの保障（入院給付金日額）は、20代、30代の会社員なら5000円で十分。自営業やフリーランス、派遣社員は、入院＝収入減だから、一日1万円を勧める。

ネットで契約できるシンプルな保険を選べば、一日5000円の保障で保険料は月額2000～3000円程度だ。複数の保険の保障内容と保険料を比較して選ぼう。

病気や入院をすると、その後5年ほど保険を契約できないこともある。妊娠中は加入を断られることも。**健康で妊娠前の今が入りどき。保障が一生続く終身タイプを選ぼう。**保険料は、終身払う方法と65歳までに払い終える方法があるが**「65歳払済み」**がお勧め。終身払いは、長生きするとトータルで払う保険料が膨大になるからね。

71

20代、30代のたくさんの経験が財産になる！

遠い「老後」を心配するより、目の前の1〜3年を充実させよう

将来のために貯めるのはいいことだ。でも、目的が「老後のため」はダメ！

今20代なら、老後は40年も先の話。その前にやりたいこと、やるべきことがたくさんある。それをすっ飛ばして**40年も先の心配をするのは間違ってる**。

70歳になった時点でたっぷりお金があっても、それまでに夢中になったこと、苦労してやり遂げたこと、大失敗から学んだことがなかったら、なんの人生だろう。一緒に泣いたり笑ったりした友達やパートナーがいなかったらどうだろう。

20代はこれからの長い人生の土台をつくる「**模索期**《もさく》」。いろいろなことに挑戦しよう。失敗も経験して、自分の好き嫌い、得意と不得意、進みたい方向を知ろう。

30代はその方向に向かって経験を積み、技術と人間性を磨く「**研磨期**《けんま》」。気力も体力も充実している。徹底的にやろう。そのうえで、方向転換をするのもあり。

40代は「**成長期**」。がむしゃらにやるのではなく、周りを見て人を育てながら、自分もさらに成長していきたい。

50代以降は、仕事や家庭以外の分野に自分の世界を広げていく「**拡大期**」だろう。地域や、もっと広い社会に影響を与えていく。

そして、**60代以降**は、成熟を続けながらそれを「**結実**」させていく。

あなたが今20代なら、模索しなさい。30代なら、経験を積みなさい。40代なら、成長しなさい。

10年後を見据えつつ、目の前の1年を、今日一日をしっかり生きるのが美しい。

これからの10年で何をやりたいか、実現したいかを思い描いて、そのために「いま何をすればいいか」を考えて、実行していこう。

安全だけど退屈な道より、**リスクはあるけどわくわくするほうを選ぶ**と、人生はがぜん楽しくなる。証明済みだ。失敗したら、それから学んでやり直せばいい（でも、退屈で安全な道を選ぶ人が多いんだ、残念なことに！）。

選択や決断をしなくてはいけないとき、それを先延ばしにする人がいる。**決断しないことで、実は「何もしない」「どこにも行かない」ことを選びとっている。**

同じところにとどまり続けないで、勇気を持って決断し、一歩踏み出そう。

72

iDeCoとNISAの違いはズバリこれ！

40歳までは老後を心配しないで大丈夫な理由。iDeCoは40歳になってから

そういうわけで（前の項目で話したとおり）、20代、30代で老後の心配をしてはいけない。でもそれは、貯金をしなくていい、という意味ではない。20代も30代も、収入の一定割合の積立を続けていく。4章、5章で話したとおり、積立定期預金と、NISAの投資信託の積立で。

「じゃあ、iDeCoはどうなの？」という疑問が出てくるかもしれない。いい質問だ。

「iDeCo（イデコ）」は、よくNISAと比べられるから、こちらも知っておこう。

どちらも、①自分で金融機関を選んで口座を開き、②商品と金額を選んで、③将来のために積み立てる。この3つは似ている。でも、**NISAがいつでも引き出せるのと違って、iDeCoは60歳以上にならないと引き出せない**。これが最大の違い。

NISAで積み立てた分は、結婚するときや家を買うときの頭金、留学資金や起業資金、

NISA vs. iDeCo

NISA		iDeCo
20代からの 積極的な資産づくり	目的	老後資金づくりの 投資と貯金
18歳以上	使える年齢	20～64歳
投資信託、株式 債券ほか	商品	投資信託、預金 保険ほか
つみたて枠：年120万円 成長枠：年240万円 投資合計：1800万円	上限いくら？	自営業者：月6.8万円 会社員：月1.2～2.3万円 主婦（夫）：月2.3万円
かからない	利益への税金	かからない
ない	所得控除	ある
いつでもできる	引き出し	60歳前はできない
ほとんどの証券会社、 銀行など	どこでできる？	特定の証券会社、 銀行、保険会社など
◎	20代向きか	×

出産費用や子どもの教育費などに使えるが、**iDeCoは老後にしか使えない。**

それ以外の違いは左の表のとおり。

iDeCoは、individual-type Defined Contribution pension plan の略。「個人型確定拠出年金」のこと。個人が自分のために手続きして加入するから**個人型**（似た仕組みの「企業型確定年金」があり、企業が従業員のために積み立てる）。

20代、30代は、投資はNISAだけで十分だ。40歳になったら、老後のためにiDeCoの積立を始めてもいいだろう。なのでこの本では、詳しい説明は避ける。

ただし、個人事業主やフリーランスは、ひと足先に30代でiDeCoを始めてもいい。65歳から受けとる公的年金が、会社員より少ないからだ。

以前は、老後に備えるものとして、保険会社の「個人年金保険」がわりと人気だった。でもiDeCoが始まってからは魅力が薄れた。もし、個人年金保険を勧められても、20代、30代では加入の必要はない。入るなら（40歳になって）まずiDeCo。そのあとに検討しよう。

73

自営業者は会社員より年金が少ない

「公的年金制度」。いつからもらえる？これだけは知っておこう。基本のきほん

老後のことを考えるのは40歳からでいいが、自分が加入している日本の公的年金制度については、今からきちんと知っておこう。

年金制度の全容は223ページの図のとおり。

会社員は自動的に「厚生年金＋国民年金」に加入し、保険料は給料から天引きされる。**自営業者やフリーランス**は「国民年金」に自分で加入し、自分で保険料を支払う。国民の義務だ。

老後の年金は65歳から受けとる（繰上げ受給制度を利用すれば60歳から受給できる）。会社員は厚生年金と国民年金から「老齢厚生年金」と「老齢基礎年金」を、自営業者は国民年金から「老齢基礎年金」を受けとる。だから**会社員のほうが年金額が多い**。

配偶者が会社員か公務員の専業主婦／主夫は、保険料を払わなくても国民年金保険料を

払っているのと同じ扱いになる。これを「第3号被保険者」という。

一方、自営業の妻は専業主婦で無収入でも、「第1号被保険者」として保険料を払わなくてはいけない。

この年金制度からは老後の年金のほかに、障がい状態になったとき**「障害年金」**が本人に、死亡したときは**「遺族年金」**が遺族に払われる。

年金制度は5年ごとに大きく見直される。2025年の次は2029年で、前の年に調査や話し合い*が行われて発表される。自分の将来に直接関係のあることだから、変更のポイントはしっかり押さえておこう。

*厚生労働省の社会保障審議会による財政検証

年金のしくみ

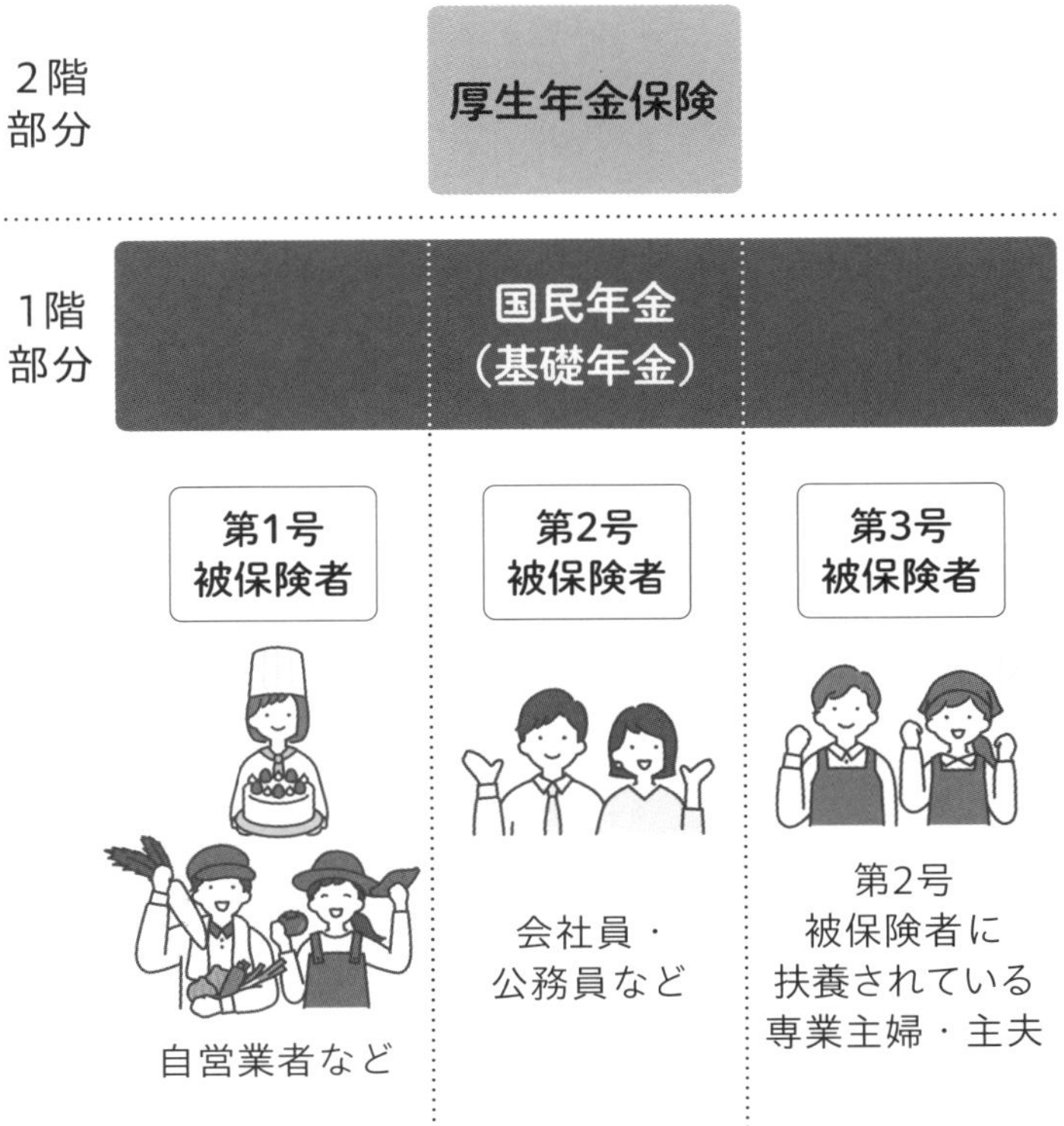
2階部分
厚生年金保険
1階部分
国民年金
(基礎年金)
第1号
被保険者
第2号
被保険者
第3号
被保険者
自営業者など
会社員・
公務員など
第2号
被保険者に
扶養されている
専業主婦・主夫

74

会社員じゃない人、会社員でなくなったら、きちんと払おう

国民年金は、保険料を払わないと将来困ることになる

会社勤めのときは、年金保険料は給料から天引きされるから、払わない選択はない。問題は、会社を辞めて自営業、フリーランス、無職になったとき。そのときは、自分で第2号から第1号被保険者になる手続きをして、国民年金の保険料を自分で払う。

国民年金の保険料は月1万7000円*。20歳から60歳まで40年間フルで保険料を払ったら、65歳から月6万8000円*の年金を生きている限り受けとれる。女性の平均寿命の87歳まで生きると、約1795万円もらう計算。払うのは約816万円だから悪くない。ただし、加入期間が半分の20年なら、受けとる年金額も半分だ。

老後の年金を受けとるためには、国民年金と厚生年金と合わせて10年以上加入する必要がある。以前は25年だったから、ずっと改善された。

もうひとつ。加入義務があるのに保険料を払っていないと、iDeCoの積立ができな

国民年金から払われるお金

65歳から
老齢基礎年金

ケガや病気で障がいが残ったら
障害基礎年金

19歳未満の子がいて死亡したら
遺族基礎年金

い。老後資金づくりにメリットが大きいｉＤｅＣｏを使えないのは痛いよ！

経済的に苦しくて保険料を払えないときは、市区町村の窓口で、免除を申請しよう。所得によって保険料の全額、または一部（4分の1〜4分の3）が免除される。将来の年金額は免除の程度に応じて減るが、免除期間は加入期間に数えられる。これ大切。20代の若年者は、所得が一定以下のとき保険料の納付を猶予される制度もある。

国民年金からは、ケガや病気で障がいが残ったときの「障害基礎年金」や、18歳未満の子がいる親が亡くなったときの「遺族基礎年金」も払われる。いい制度だが、保険料の未納期間があると保障が受けられないこともある。

＊金額はいずれも2024年度

75

十分とは言えないけれど老後資金の柱

あなたの年金額はいくら？ 現役時代の手取りの40％（会社員の場合）

今の20代は、65歳からいったいいくらの年金がもらえるのか？

複雑な計算式があるけれど、すっ飛ばして結論を言うと、**会社員なら**現役時代の年収（35〜40歳時の手取り年収が目安）の**40％**＊くらいになりそうだ。

夫婦だと、**会社員と専業主婦の組み合わせで約50％**＊。（保険料を払っていない）妻の年金があるので約10％多い。得だ。**会社員同士は約40％**だ。

自営業やフリーランスは年収にかかわらず年金額は一定で、現在の水準だと40年フル加入して年約82万円。**自営業の夫婦はふたりで約164万円**受けとる。

「そんなに少ない額じゃ、とても暮らせない」と思うかもしれないが、退職後は支出も減る。退職までには（この本の教えに従うと）住宅ローンは完済しているし、子の教育費もなくなる。死亡保険もいらないし、貯金もしなくていい。

退職後の生活費は現役時代の約60％になり、40％の年金をもらえる会社員なら不足するのは20％。65歳から85歳までの20年間で、年収の4倍程度だ。

＊2024年の「財政検証」の発表によると、予測額（所得代替率）はそれぞれ約50％、60％だが、賃金などの前提が楽観的なので、この数字を提案している

年金はいくらもらえる?

会社員なら…

現役時代の手取り年収の40％くらい

自営業・フリーなら…

年収にかかわらず年金額は一定

結婚している
カップルで…

会社員+専業主婦なら…

現役時代の年収の約50％

会社員+会社員なら…

現役時代の年収の約40％

自営業+自営業なら…
(専業主婦でも同じ)

約164万円

76

今は、老後はまだ考えなくて大丈夫！

老後資金は「年収の5倍」。不足分は40歳からこう貯めれば十分！

20代、30代から老後の心配をしていると、容姿も言動も、老婆のようになってしまうから気をつけて！　今は**借金をつくらず、10年後くらいまでの将来を思い描きながら、収入の一定割合を貯金・投資していけば十分**だ。

とはいえ、一度簡単な計算をしておくと不安が消えるだろうし、世の中の間違った情報にまどわされなくてすむ。やってみよう。

退職までに貯めたい金額は、ずばり年収の5倍。年収400万円のシングルなら2000万円が目安だ。そこから退職金の見込み額を引いたのが、自分で貯める額。

根拠は左のページのとおり。退職金が年収の2年分あるとき、40歳から65歳までの25年でこの額、年収の3倍を貯めるには、収入の12％（300％÷25）を貯め続ければいい。

ただし、これは老齢厚生年金を受けとる会社員・公務員の場合。

自営業やフリーランスは、年金額が少ないので、会社員の1・5倍貯めたいところ。ただ、65歳以降もなんらかの形で収入があるなら、貯める額は少なくてすむ。20代からNISAで積み立て、40歳からiDeCoを加えれば、無理なく達成できる。

退職後、いくらあれば安心?

A：退職後の年間生活費=年収の**60%**
（住宅ローンや生命保険料、
将来のための貯金がなくなるため）

B：公的年金=年収の約**40%**

C：不足する生活費=年収の**20%**
（=A−B）

D：不足する総生活費
（65〜85歳までの20年分）
=年収の**400%**（=C×20）

E：生活費以外の必要費用*
=年収分=**100%**

F：退職までに貯める金額
=年収の**500%**

退職金が年収の2倍（200%）なら、
自分で貯めるべき額は
年収の3倍となる。
年収400万円なら1200万円

*住宅のリフォーム費や医療費など

77

一生働く、楽しく働く！

貯金よりもっとずっと頼りになる仕事力を磨き続けよう

働いて収入があるときにその一定割合、10～15％をずーっと貯め続ければ、人生のいろんな場面に対処できる。老後も心配ない。

でも、実は**貯金よりもっと頼れるもの**がある。

仕事力だ。

現役時代の収入*が月30万円のとき、退職後の生活費は月18万円（60％）ほど。家賃も住宅ローンもないし、貯金もしなくていいから意外と少ない。月12万円（40％）の公的年金を受けとると、足りないのは月6万円ほど。

月6万円を、25年分（65歳から90歳まで）準備すると1800万円。けっこうな額だ。

でも、月6万円を稼ぐのって、そんなに難しくない。

時給1500円の仕事なら月40時間、1日5時間×週2回働けば稼げる。

66歳から10年間、月6万円稼げれば、貯めるのは1080万円でいい。80歳までなら720万円。

そんなに長く働けない？　そんなことはない。80代で現役の人はたくさんいる。

お医者さんや翻訳家、プログラマーやフィットネス・インストラクター、八百屋さんやレストランの主人、芸術家……。共通点はみんな自分の仕事を愛していること。肉体労働は難しくても、ネットなどで稼ぐ手はいくらでもあるだろう。

だから、**長く楽しく続けられる仕事を見つけて、それをライフワークに育てていく**のが、いちばん確かな老後対策だ。貯めたお金は詐欺にあったり盗まれたり、投資の失敗、災害などで失うことがあるけど、**仕事をする力は盗まれない**。

ずっと楽しく働くには、健康とネットワークづくりが不可欠。今からとり組もう。

＊手取り収入の平均

8章

大満足！「シングル」で快適人生

――不安から解放されて自由に楽しく羽ばたこう！

Money Tips for Women to Find Happiness

78

女性の地位が低い日本だからこそ凛々しく美しく

シングルで生きる女性がふえている。50歳の5人にひとり。もっとふえる！

女性の生き方は変化していてどんどん自由になっている。でも、まだまだ。日本の歴史として、次の言葉を知っておきたい。

標準世帯　日本の年金制度やそのほかの社会の仕組みは、夫が会社員、妻が専業主婦、子どもふたりの家庭を前提につくられた。この範疇《はんちゅう》から外れると、社会で不利なことがたくさんあったし、まだある。

クリスマスケーキ　クリスマスケーキは25日を過ぎると売れなくなる。女性も24歳、25歳までは売れる（嫁に行ける）が、それを過ぎると価値がなくなるという考え。女性は会社に就職したら、数年で結婚退職（寿《ことぶき》退職）する習わしだった。

男女雇用機会均等法　企業の採用条件や給料体系は、男性と女性で大きく違っていた。女性は補助的な仕事のみで給料が安く、社内教育も昇進もほとんどないのが普通だった。男

50歳女性の未婚者はふえている

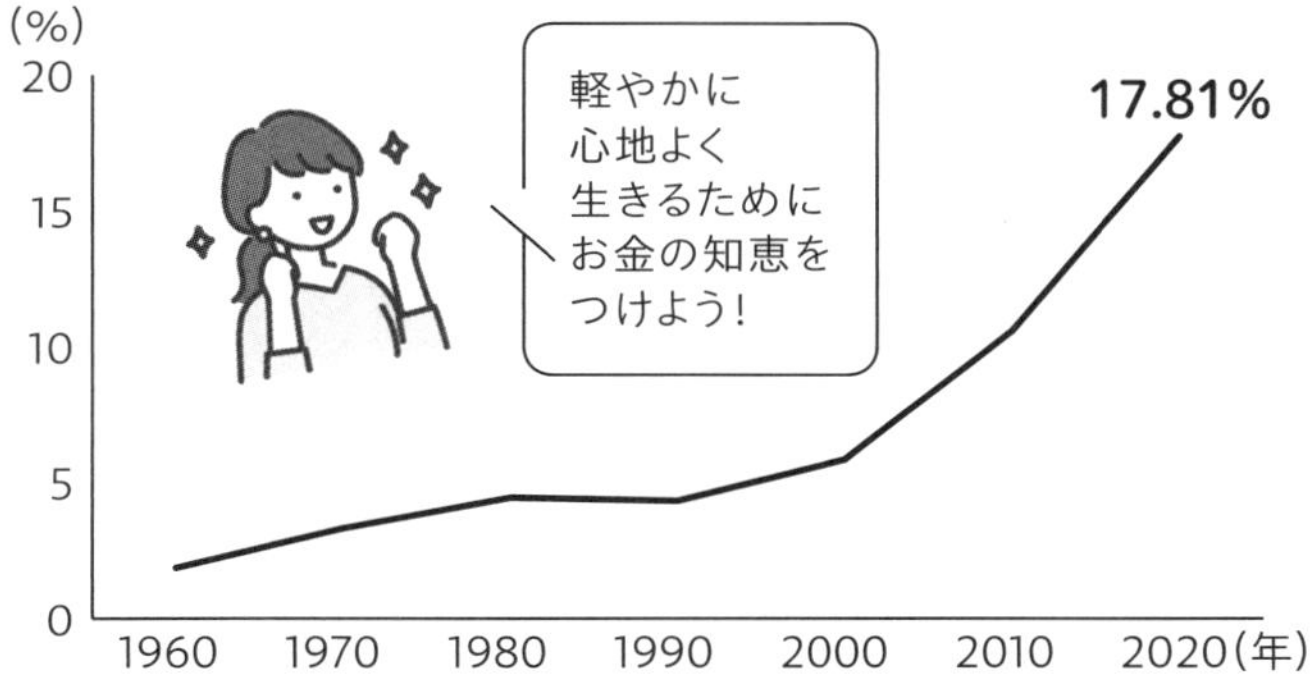

国立社会保障・人口問題研究所「人口統計資料集」2024年版

女差別をなくすために1986年に施行されたがまだ不十分。女性役員は今も少ない。

世界経済フォーラムが発表するジェンダー・ギャップ指数は男女格差を表すもので**2024年の日本の総合順位は118位**(146カ国中)。経済と政治での順位が低い。教育レベルが高く、健康な女性が差別され続けている。

50歳で未婚の女性は2020年に17・8%。2000年5・82%の3倍以上。ここに離婚も加わるから、シングルで生きるのは全然、特別なことじゃない。でも、軽やかに生きるには作戦が必要。本書はここまで、結婚するつもりの女性向けに書いてきたが、この章では「ひとりで生きる」を考えて、そこからお金を見てみよう。

79

予定外の出来事にもしなやかに対応しよう

予定外にシングルになることもある。想定しよう（未婚、離婚、死別、DV）

思いどおりに人生をデザインできる、シングルという生き方を積極的に選ぶ人がいる。一方、自分から選んだわけじゃないがシングル、という女性も少なくない。いちばん多い理由は「結婚したい相手に巡り合わなかった、まだ出会っていない」。死別や離別でシングルになることもある。その後、再婚しないままの人は意外と多い。夫のDVが原因で、自分と子どもを守るために逃げて離婚する人もいる。結婚の予定なしで子どもを産む人、死別や離婚でシングルマザーになる人もいる。

日本の社会は「家族で生きる」ことを前提につくられているが、シングルマザーやシングルパーソンをサポートする仕組みも整いつつある。不安になる必要はない。

大切なことは、**シングルという生き方を積極的に選んでも選ばざるをえなくても、ひとりで生きていける仕事と収入を手に入れることだ**。それを手放さないで、成長させる。

そしたら結婚しなくても、結婚後に死別や離別でシングルに戻っても困らない。暴力夫とキッパリ切れて、子どもと一緒に生きていける。家を買って、子どもを大学に進ませて、自分がやりたいことを実現して、老後にも備えられる。再婚してもいい。

ただ現実には、**シングルママの収入は、一般家庭やシングルパパ家庭より低い傾向にある。**それをサポートするため、児童扶養手当、ひとり親家族等医療費助成制度などの制度がある。シングルママはもちろん、離婚前でも市区町村の窓口で、どんなサポートが受けられるか相談できる。サポートは遠慮なく受けて**経済的自立を目指そう。**

シングルマザーが利用できる10の手当と助成金

①児童手当

②児童扶養手当

③母子家庭の住宅手当
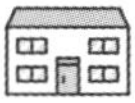

④母子家庭（ひとり親家庭）の医療費助成制度

⑤こども医療費助成

⑥特別児童扶養手当

⑦障害児福祉手当

⑧生活保護

⑨母子家庭の遺族年金

⑩児童育成手当

＊それぞれの制度で支給要件がある。支給対象となるかは各制度の支給要件を確認してください

80

誰かの力を借りるのに、遠慮はいらない

シングルマザーはひとりでがんばらず、たくさんの人に助けてもらう

アメリカにしばらく住んでいてびっくりしたのは、**シングルマザーだらけだった**こと。週末に通った教会、子どもの学校、私の職場でも、両親がそろっている家族のほうが少ないかも、と思えた。子どもがいてもいなくても、再婚する人が多かった。2回、3回も珍しくない。

以下は英語レッスン（笑）。親の再婚相手はステップ・マザー／ファーザー。再婚相手の連れ子はステップ・チャイルド。前の奥さんはエックス・ワイフ。母親が3回結婚して3回離婚したから、お父さんひとりとエックス・ステップ・ファーザーがふたりで、合わせてパパが3人いるという子もいた。たくましいお母さんだ。

日本と大きく違うのは、シングルマザーが孤軍奮闘せず、いろんな人の助けを借りて暮らしていること。親戚、教会や近所の人。大人も子どもも独身者も家族持ちも。子どもを

預かり、一緒に食べたり出かけたり、みんなで子育てする。父さん役、兄さん姉さん役、おばさん役、おじいさん役、いろいろ。子が小さいときは助けてもらうばかりだけど、大きくなるとベビーシッター、庭の草刈り、運転手、と助ける側に回っていく。この方法だと誰にもお金の負担がないし楽しい。

日本人は小さい頃から「周りに迷惑をかけてはいけない」と言われて育てられるからか、人に頼るのが苦手でひとりでがんばりがち。宿題やエクササイズならそれもいいが、**子育てはどんどん周りに頼るべし**。いろんな人と関わって愛情を受けて、子は逞しく育っていく。親子が一対一で向き合わなくていいからどちらも楽。

シングルマザーは、どんどん人を頼ろう。あなたの友達や近所にシングルマザーがいたら、姉さん役をかって出よう。

お金の知識があるかないかでも、シングルマザーの生活は大きく変わる。お金の管理、貯金や投資の仕方、保険の選び方。そして「節約よりも、長期的に収入をふやす作戦を立てるべきだ」ということ。弊社は、シングルマザーのマネー相談を無料で（2回まで）受けて、お金の知識の面から応援している。

81

仕事と関係のない友だちを地元につくろう

やっぱり頼りになるのは仕事外のコミュニティーと、続ける仕事

シングル人生の後半を扱った本のお勧めは、上野千鶴子著『おひとりさまの老後』（文春文庫）と、岸本葉子著『ひとり老後、賢く楽しむ』（だいわ文庫）だ。20代、30代で読むには早いが、40歳を過ぎて老後を考えたくなったらどうぞ。

私のＦＰ相談のお客さんの40代、50代、60代の独身女性は、みな魅力的で仕事ができる。ほとんどの人は十分な貯蓄がある。

でも、**足りないもの**がひとつある。

仕事以外の人間関係。

仕事ができる独身者は仕事に時間やエネルギーを注ぐので、仕事外の世界をつくりにくい。趣味仲間がいればいいが、趣味の場で集まるだけの関係では不足。互いの家に招き合えるくらいの関係になりたい。家族がいるとパートナーや子どもの関係を通じて交流範囲

が広がるが、ひとりだとそれがない。その分、自分で積極的に世界を広げよう。

孤独なときに話を聞いてくれ、困ったときにアドバイスをくれる友は、世界のどこにいてもSNSでつながれる。でも、**歩ける距離、自転車で行ける距離の友達も必要**だ。パンデミックのとき、誰にも知られず亡くなったひとり暮らしの人が何人もいた。

昨年、家族が不在の夏に熱中症で寝込んだとき、近所に住む大学生の友人が水羊羹《みずようかん》を持って見舞いにきてくれた。心細かったのでとてもうれしかった。

病気や事故のとき駆けつけてくれる、地震のときに声をかけてくれる、骨折したとき車椅子を押してくれる――そんな友達がほしいし、そんな友達になりたい。お金で買えない人間関係。命を助けてくれることもある。

どうすれば、住まいの近くで友達ができるだろう。近所で、時間とエネルギーを使おう。町内会の集まりに出る、消防団に参加する、地元ボランティアに協力する、小さい手助けをする。今のうちから心がけよう。中学・高校の友人とも繋がり続けよう。

そしてもうひとつ。シングルで老後を迎えるなら、仕事はできるだけ長く続ける。80歳までも90歳までも。**仕事こそ、人を社会に結びつける最強手段。**そのためにも、ずっと続けたい。楽しいライフワークを、30代から探しはじめよう。

82

買うタイミングは40歳前後がベスト

シングルで素敵な自分の城を手に入れるなら、こんな物件、こんな資金計画

昔は、独身女性は住宅ローンが借りにくいということがあったが、今は大丈夫。女性か男性かよりも、勤務先や将来の収入見込みが重視される。公務員や大企業の会社員なら問題なし（安定している）。中小企業は業績による。自営業者も過去の売上と今後の見込みによるが、作戦を立てれば借りられる。

でも、間違った物件を買ってしまう女性が少なくない。買わされてしまう。そうならないためのアドバイスは、左の表のとおり。

買うタイミングは40歳前後がベスト。20代や30代前半では、物件を見る目もないし将来のライフスタイルも想像できない。20代なら1DKで十分と思っても、30代後半になると「最低でも2DK」に住みたくなる。広さでいえば50㎡以上。

若いときは、新築に目を奪われるが、見る目が出てくれば、**中古を買ってリノベートす**

シングルで家を買うとき守るべきルール

①	20代、30代前半では買わない。40歳前後がベスト
②	2DKまたは50㎡以上の物件を選ぶ
③	新築より中古がお勧め
④	安全な物件を
⑤	売りやすい物件を
⑥	頭金は年収分（価格の20％）
⑦	住宅ローンは年収の4倍まで（超低金利なら5倍）
⑧	ローンは65歳までに払い終える

るほうが自分好みにできるとわかる。ひとりで住むのだから、物件や駅からの道の安全は絶対条件。どこかで手放す可能性が高いので、売りやすい物件を選ぼう。

資金面からは、住宅ローンは年収の４倍まで。頭金を価格の20％（年収分）払い込めば年収の５倍の家が買える。住宅ローンは65歳までに終わるようにする。40歳で買うなら返済は25年。銀行に35年ローンを勧められても65歳終了にこだわろう。

そして、**大切なことは、ひとりで決めないこと**。親戚や友人のなかから不動産に詳しい人を探して、実際に物件を見てもらいアドバイスをもらおう。ＦＰでもいい。

相手は売るプロ、こっちは素人。ひとりで決めると失敗する。

83

大切な決断はひとりでしない、を習慣に！

シングルは詐欺にねらわれやすい。相談できるプロを味方につければ安心

20代、30代はシングルで当たり前。まだ大金は持っていないし、大切な決断、特にお金に関係することは親に相談するだろうから、詐欺にあうリスクは低い。でも、20代でワンルームマンション投資をしてしまった女性の相談をいくつか受けたことがある。いずれも高収入女性、いずれも老後を不安に思っていた人。東京だけでなく大阪や九州でも。これには注意して！

女性も40代、50代になると、収入がふえ資産がふえる。数百万円の貯金もある。親からの相続などで数千万円持つ人もいる。それでも、シングルということもあって将来への不安が強い。**実際は心配無用なんだけど**。

資産があって不安が強い人こそ、詐欺と投資セールスのベストターゲットだ。シングルはそこに、**相談相手がいない**という、ねらう側にとっての好条件が加わる。

投資マンションを市場価値より10~20%高く素人に売りつけるのは、業者の常套《じょうとう》手段。詐欺ではないが悪質だ。

投資詐欺は、こんな具合。たとえば存在しない高利回りの投資商品を紹介する。利回り10%の商品に試しに100万円払うと、ちゃんと10%の配当が払われる。200万円追加しても10%受けとれる。安心して2000万円払い込んだら連絡がとれなくなり会社は消えている。この手の詐欺は次から次に登場する。生命保険も必要のないもの、仕組みがわからないもの、高額な契約を結んでしまう。

家族がいると「家族に相談して返事します」と持ち帰れるが、シングルだと「締切り間近です。この場で決めてください」と迫られ、申込み書類にサインさせられる。

シングルだからこそ、ひとりで決断しない。家族や友人に投資や不動産のプロがいれば相談しよう。知り合いにいなければプロのFPに相談しよう。

詐欺からあなたを守り、夢の実現を応援してくれる生涯のFPを見つけることをお勧めする。そしたらお金のことは、一生安心だ。

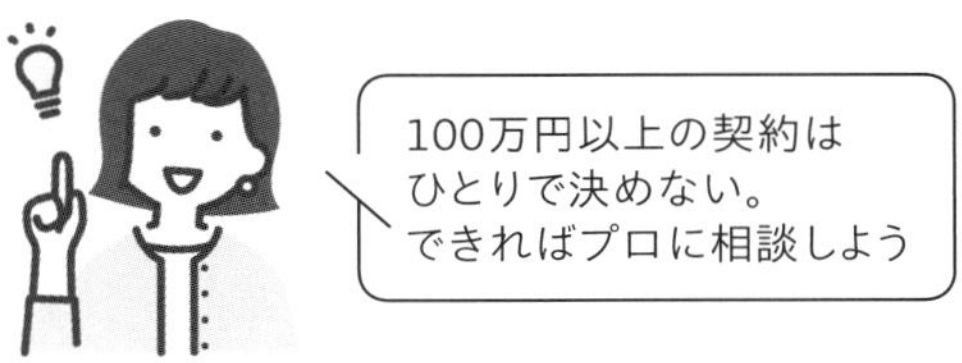
100万円以上の契約は
ひとりで決めない。
できればプロに相談しよう

Column

FPに相談しよう。いいFPを見つけよう

20代で収入も貯金も少ないときは、貯金や投資の仕方、保険の選び方は、この本で十分わかるはず。でも貯金が増えたら、結婚するとき、子どもが生まれるとき、家を買うとき、海外に引っ越すとき、親の財産を相続したときなどは、プロのファイナンシャルプランナー、FPに相談したい。

FP相談には、無料と有料の2種類がある。

無料で相談サービスをしているのは、主に保険や投資商品の販売をしている会社だ。「FP相談」「無料」で検索すると、いくつものサイトがヒットする。ずらりとスポンサーサイトが表示される。

その会社のサイトで確認すると、保険、投資信託などの金融商品を販売している。販売手数料が会社の収入になるので、無料で相談サービスを提供できる。このようなところに完全に中立的な（商品販売に結びつかない）アドバイスを期待するのは現実的じゃな

い。最初から保険に入ること、投資信託を買うことが目的なら悪くないかもしれないが。

中立的なアドバイスがほしい人、保険や投資商品は買いたくない人は、有料相談を選ぼう。保険や投資商品を販売せず、相談料を収入源とする独立系FPに相談する。主に小規模な事務所や会社が有料相談を受けている。経験から自信を持って断言するが、相談料は、アドバイスを実行することで十二分に元がとれる。

ネットで「独立系FP」「○○市」「有料相談」などのキーワードで検索するといい。女性FPに相談したいなら「女性」を追加。FPを探すポータルサイトもある。「日本FP協会」、「WAFP関東（女性FPの会）」のほかコマーシャルサイトもたくさん。私は「FPCafe」に登録しているが、ここはウェブ上の無料相談がある。

有料相談の料金やコースは事務所によってさまざまだが、1時間当たり5000～2万円。1回60～120分。1回のみの相談から、複数回セットや、期間1年などのコースもある。たいてい初回は無料で相談できるので、それを試してサービス内容に納得でき、FPとの相性がよければ、有料相談を申し込むといいだろう。

ただし、独立系を名乗っても、「IFA（インディペンデント・ファイナンシャル・アドバイザー）」は証券投資のアドバイスをしてその商品を販売する。相談料は無料で、金融商品の販売&保有手数料が彼らの収入になる。金融資産1000万円くらいからだ。

84

情けは人のためならず。つまり自分のためだった!

将来助けてもらうために、今助けよう。時間とエネルギーと心を天に投資

シングルで迎える30代、40代、それ以降の暮らしを思い描いてみよう。どんな仕事をして、どんなところに住んで、どんな友達や恋人がいて、どんなアフターファイブ、週末、休暇を過ごしているだろう。わくわくだ。

50代はまだ若い。仕事をバリバリこなし海外旅行先のビーチでビキニを着こなしているかも。60代もきっと現役で、アクティブに動き回っているはず。

では、70代は? 80代は?

仕事をしていてもフルタイムではないだろう。仕事を辞めて時間を持て余しているかも。孤独かもしれない? 生活にちょっとした手助けが必要かもしれない。そんなとき、子や孫のような年齢の友達がいて、何かの折に助けてくれたら、うれしいよね。

ちょっと周りを見回してみよう。親戚に独身のおばさんがいるかもしれない。近所にひ

とり暮らしの高齢女性がいるかもしれない。勇気を出して声をかけてみよう。挨拶だけでなくちょっと個人的な会話を。機会をつくってお茶に誘ってみよう。**40年後の自分だったら何をしてほしいかな、想像力を働かせよう。**

日本には介護保険もあるし、地域のサービスもいろいろある。でも友達の代わりにはならない。

英語で**「Golden Rule」（ゴールデンルール）**という言葉がある。「自分がしてほしいと思うことを、周りの人にしてあげる」ことだ。これを先日、してもらった。

キックボードでの通勤途中に転んで顔と肩を強く打った。すぐに病院に行きたかったが、脳震盪《のうしんとう》で気持ち悪くてなかなか行けない。と、オフィスの友人が「僕が一緒に行きますよ」とタクシーを呼び、病院での検査・治療が終わるまで付き添ってくれた。支払いのとき「現金ありますか」と気遣ってくれた。涙が出そうになった。とても忙しい人なのだ。機会があったら、私も同じことを誰かにしてあげようと決心した。

自分の将来のためにお金を貯めつつ、**人のためにも自分の時間とお金を使おう。**実はこれも投資。お返しができない人のために、時間、お金、エネルギーを使うことを**「天に宝を積む」（＝天に投資する）**という。それは、将来何かの形で返ってくる。

楽しみに待っていよう。

Column

ペットを飼うとかかる意外なお金。この覚悟が必要だよ!

子どもの頃から猫を飼うのが夢だった。小学生の頃、道端に捨てられていた子猫を拾って帰り、泣いて頼んだが飼わせてもらえなかった。40歳で家を買ったとき猫が飼えると気づいて、生後1カ月の子猫2匹を迎えた。今いる2匹は2代目。テレパシーで気持ちが通じる。もう猫のいない暮らしは考えられない。

でも、安易に飼うのはダメ。ペットを飼うには責任がともなう。犬や猫は15~20年生きる。ずっと一緒に暮らせるか、費用を払い続けられるか考えよう。短い恋愛を楽しむのではなく、**結婚するのと同じ覚悟で臨むべし**。

ペットを買うお金(一時的な費用)はあっても、飼うお金(毎年かかる費用)が足りないこともある。次は、猫を飼うときに毎年かかる費用の例だ。

・エサ代　月2000~1万円(ランクによる)
・トイレの砂代　月2000~5000円(トイレの種類による)

・ワクチン&定期健診代　年5000～2万円（健康などとき）
・ペット保険料　月1000～2000円（ペットの年齢、保障内容による）
　ざっと計算すると猫1匹あたり10～20万円。猫は20年くらい生きるから240～480万円。犬はもっとかかる。

見えない費用もある。たとえば住居費。ペットが飼える賃貸物件は、家賃が1～2割高い。敷金も高めで返金されない。ペット禁止アパートでこっそり飼っている人もいるが、見つかると罰金ですぐ退去させられる。そうなる前にペット可の物件に引っ越そう。

旅行の際は、ペットホテルに預けるか、ペットシッターを頼むことになる。ランクによって、1泊3000～6000円。うちは年に3週間くらい家を空けるので、シッター代7万円が旅行費にプラスとなる。

「お金がかかるから、ペットはあきらめよう」と言っているんじゃない。**ペットを飼うために、キャリアアップと収入アップを目指そう。**

ペットと一緒に暮らせるマイホームを手に入れよう、ということ。大型犬を飼いたいなら郊外の一戸建てだ！　ただし、ペットを恋人や子どもの代わりにしないように。ペットは人間との関係のオルタナティヴ（代替）にはならないからね。

例1　25歳で貯蓄ゼロ、
フツーの収入でも共働きなら 2人合わせて
1億円以上貯まる！

5ページのグラフはこの表をベースにしています。

ゼロから貯金開始！（手取りの15％貯金）

29歳で結婚。相手の年収・貯金額はあなたと同じ。結婚費用200万円
（自分と相手が100万円ずつ出費。でも、相手の貯金69万円がプラスに）

共働きの今が貯めどき！　合計収入の30％貯金に

第1子誕生。夫婦それぞれ半年ずつ育休取得
休業中の給付は前年の3分の2。この年の貯蓄はゼロ

仕事に復帰したら15％貯金

第2子誕生。夫婦それぞれ半年ずつ育休取得
1年後に仕事復帰し、このあと第1子独立までは15％貯金に

38歳、家を買う（価格6000万円、頭金1000万円、諸費用300万円）
住宅ローン5000万円。27年返済
年返済額約211万円（金利1％）

46歳から昇給ゼロ

第1子大学入学。貯蓄から1人500万円を出す
1年目200万円、2〜4年目100万円

第2子大学入学。貯蓄から1人500万円を出す
1年目200万円、2〜4年目100万円

第1子独立。以後25％貯金にふやす

第2子独立。40％貯金にふやす

60歳から収入20％減 30％貯金に

65歳で退職・住宅ローン終了
2人分の退職金（1000万円×2）プラスで
2人分の貯金として**1億円以上達成！**

運用利回り＝3%　単位：万円

年齢	本人の収入	夫の収入	年間貯蓄	支出/収入	貯蓄残高	不動産評価額	ローン残高	総資産
25	250		38		38			38
26	263		39		78			78
27	276		41		122			122
28	289		43		169			169
29	304	304	182	-31	325			325
30	319	319	191		526			526
31	335	335	201		743			743
32	278	278	0		765			765
33	352	352	106		894			894
34	369	369	111		1032			1032
35	307	307	0		1062			1062
36	388	388	116		1211			1211
37	407	407	122		1369			1369
38	428	428	128	-1300	239	5400	-5000	639
39	449	449	135		380	5184	-4814	750
40	471	471	141		533	4977	-4629	880
41	495	495	148		698	4778	-4444	1031
42	520	520	156		875	4586	-4259	1202
43	546	546	164		1065	4403	-4074	1393
44	573	573	172		1268	4227	-3888	1606
45	602	602	180		1487	4058	-3703	1841
46	602	602	180		1712	3896	-3518	2089
47	602	602	180		1944	3740	-3333	2350
48	602	602	180		2183	3740	-3148	2774
49	602	602	180		2429	3740	-2962	3205
50	602	602	180	-200	2482	3740	-2777	3444
51	602	602	180	-100	2637	3740	-2592	3784
52	602	602	180	-100	2797	3740	-2407	4129
53	602	602	180	-300	2761	3740	-2222	4278
54	602	602	301	-100	3045	3740	-2037	4747
55	602	602	301	-100	3337	3740	-1851	5225
56	602	602	301	-100	3638	3740	-1666	5711
57	602	602	481		4228	3740	-1481	6486
58	602	602	481		4836	3740	-1296	7280
59	602	602	481		5463	3740	-1111	8091
60	481	481	289		5915	3740	-925	8729
61	481	481	289		6382	3740	-740	9381
62	481	481	289		6862	3740	-555	10046
63	481	481	289		7357	3740	-370	10726
64	481	481	289		7866	3740	-185	11421
65	年金スタート	年金スタート	0	2000	10102	3740	0	13842

例2 25歳で貯蓄ゼロ、
フツーの収入でもシングルなら
1人で **4500万円以上貯まる!**

7ページのグラフはこの表をベースにしています。

ゼロから貯金開始!
(退職まで、手取りの15%貯金)

45歳まで年5%昇給

40歳、家を買う
(価格3300万円、頭金800万円、諸費用165万円)
住宅ローン2500万円。25年返済
年返済額約113万円(金利1%)

46歳から昇給ゼロ

60歳から収入20%減

65歳で退職。住宅ローン終了
退職金1000万円プラスで
貯金**4500万円以上達成!**

運用利回り＝3%　単位：万円

年齢	本人の収入	年間貯蓄	支出/収入	貯蓄残高	不動産評価額	ローン残高	総資産
25	250	38		38			38
26	263	39		78			78
27	276	41		122			122
28	289	43		169			169
29	304	46		219			219
30	319	48		274			274
31	335	50		332			332
32	352	53		395			395
33	369	55		462			462
34	388	58		534			534
35	407	61		611			611
36	428	64		694			694
37	449	67		782			782
38	471	71		876			876
39	495	74		977			977
40	520	78	-965	119	2880	-2500	273
41	546	82		204	2765	-2400	353
42	573	86		297	2654	-2300	443
43	602	90		396	2548	-2200	544
44	632	95		502	2446	-2100	848
45	663	99		617	2348	-2000	965
46	663	99		735	2254	-1900	1089
47	663	99		856	2164	-1800	1221
48	663	99		982	2078	-1700	1359
49	663	99		1111	1994	-1600	1505
50	663	99		1243	1994	-1500	1738
51	663	99		1380	1994	-1400	1975
52	663	99		1521	1994	-1300	2216
53	663	99		1666	1994	-1200	2461
54	663	99		1816	1994	-1100	2710
55	663	99		1970	1994	-1000	2964
56	663	99		2128	1994	-900	3223
57	663	99		2292	1994	-800	3486
58	663	99		2460	1994	-700	3754
59	663	99		2633	1994	-600	4028
60	531	80		2792	1994	-500	4286
61	531	80		2955	1994	-400	4550
62	531	80		3123	1994	-300	4818
63	531	80		3297	1994	-200	5091
64	531	80		3475	1994	-100	5370
65	年金スタート	0	1,000	4579	1994	0	6574

例3 25歳で貯蓄ゼロ、結婚後、
専業主婦でもパートをすれば 2人合わせて
4900万円以上貯まる！

9ページのグラフはこの表をベースにしています。

ゼロから貯金開始！（手取りの15%貯金）

45歳まで年5%昇給

29歳で結婚。相手の年収・貯金額は、あなたと同じ
結婚費用200万円
（自分と相手が100万円ずつ出費。でも、相手の貯金69万円がプラスに）

共働きの今が貯めどき！　合計収入の30%貯金に

第1子誕生。片働きの間は10%貯金に
扶養家族がいると手取り年収がややアップ

第2子誕生

38歳、家を買う（価格3900万円、頭金900万円、諸費用195万円）
住宅ローン3000万円。27年返済。年返済額約126万円（金利1%）

妻45歳からパートを始める。年100万円稼ぐ。64歳まで15%貯金に

46歳から昇給ゼロ

第1子大学入学。貯蓄から1人500万円ずつ出す
1年目200万円、2～4年目100万円

第2子大学入学。貯蓄から1人500万円ずつ出す
1年目200万円、2～4年目100万円

第1子独立。以後20%貯金にふやす

第2子独立。30%貯金にふやす

60歳から収入20%減

夫65歳で退職。住宅ローン終了
退職金1000万円プラスで2人分の貯金として**4900万円以上達成！**

運用利回り＝3%　単位：万円

年齢	本人の収入	夫の収入	年間貯蓄	支出/収入	貯蓄残高	不動産評価額	ローン残高	総資産
25	250		38		38			38
26	263		39		78			78
27	276		41		122			122
28	289		43		169			169
29	304	304	182	-31	325			325
30	319	319	191		526			526
31	335	335	201		743			743
32	0	383	38		804			804
33	0	403	40		868			868
34	0	423	42		936			936
35	0	444	44		1009			1009
36	0	466	47		1086			1086
37	0	489	49		1167			1167
38	0	514	51	-1095	159	3510	-3000	669
39	0	539	54		217	3370	-2889	698
40	0	566	57		281	3235	-2778	738
41	0	595	59		348	3105	-2667	787
42	0	624	62		421	2981	-2556	847
43	0	656	66		500	2862	-2444	917
44	0	688	69		583	2747	-2333	998
45	100	723	123		724	2638	-2222	1140
46	100	723	123		869	2532	-2111	1290
47	100	723	123		1019	2431	-2000	1450
48	100	723	123		1173	2431	-1889	1715
49	100	723	123		1332	2431	-1778	1985
50	100	723	123	-200	1295	2431	-1667	2059
51	100	723	123	-100	1357	2431	-1556	2233
52	100	723	123	-100	1421	2431	-1444	2408
53	100	723	123	-300	1288	2431	-1333	2385
54	100	723	165	-100	1391	2431	-1222	2599
55	100	723	165	-100	1497	2431	-1111	2817
56	100	723	165	-100	1607	2431	-1000	3037
57	100	723	247		1902	2431	-889	3444
58	100	723	247		2206	2431	-778	3859
59	100	723	247		2519	2431	-667	4283
60		578	173		2768	2431	-556	4643
61		578	173		3024	2431	-444	5011
62		578	173		3288	2431	-333	5386
63		578	173		3561	2431	-222	5769
64		578	173		3841	2431	-111	6161
65	年金スタート		0	1000	4956	2431	0	7387

エピローグ

お金の知識と技術で「本当の宝物」を手に入れられる！

ＦＰという仕事を20年以上続けてきて、気づいた。

「お金のことをきちんと知らないと大損」「知らないままだと不安がいっぱい」だ。

これでは人生楽しめない。やりたいことができない。トラブルに巻き込まれてしまう。お金のツボをきちんと押さえれば、収入が多くなくても、お金の苦労や将来の不安なしに、充実した人生を送ることができる。

お金は、自分の人生で**大切なものを手に入れるためのツール**のひとつだ。あなたにとって人生で大切なものは何？

気をつけたいのは、**今ほしいものが大切なものとは限らない**、ということ。今は、さまざまな情報に人の心がコントロールされる時代。ほしくないものをほしいと思わせる、買いたくないものを買いたいと思わせる。

一瞬で消えてしまう楽しみは、人生の彩りにはなるけど目的にはならない。パーティーや旅行、おしゃれやグルメ、SNSでたくさんのフォロワーがついたり、ネットで注目されること。高収入や社会的地位は、どうだろう。

誰にも見せなくても、自慢できなくても、手に入れたいと思うものを見つけられたらラッキーだと思う。あせらず、時間をかけて探していこう。

それは、私にとってはずっと、「自由」だった。

それは、経済的な自由――Financial Freedom に裏づけされる。

時間の過ごし方を、自分で決める自由
好きな仕事をする自由
休む自由
旅をする自由
住みたいところに住む自由
自分の考えを発言する自由
正しいと信じることを行動に移す自由

最近、もうひとつ、新しく発見した大切なものが、人間関係だ。

家族との関係
恋人との関係
近くの友人との関係
遠くに住む友人との関係
助けたり、助けられたりする人との関係

自由を手に入れるには、お金をどう稼いで、どう使って、どう貯めるかという知識と技術が欠かせない。人間関係でもお金は重要なプレーヤー。もちろん、どちらもお金だけではうまくいかない。プラスして、時間、エネルギー、熱い思いが必須だ。
だから、この本ではお金以外のことについても語った。どれも、お金を生かすために欠かせない知識、考え方、手段だ。覚えたことをひとつずつ実行しよう。身につけていこう。そしたら、お金のコントロール力が身について、人生はずっと楽しくなる。

この本の元になった本を２００９年に書いたとき、全面的に協力してくれたライターの井《い》坂《さか》真《ま》紀《き》子《こ》さんと、女性の生き方とお金について、当時いろいろ語り合った。２０２１年にがんで亡くなる前に、「生きたいように生きた。悔いはない」と彼女は言っていたそうだ。カメラマンのパートナーから聞いた。

この文章に、彼女ならどうコメントするだろうかと考えながら執筆作業をした。楽しかった。今回は、読者年代の安齋《あんさい》美咲《みさき》さんが力を貸してくれた。ふたりに感謝。


アメリカで見つけた宝をひとつ紹介したい。日本でのFPの仕事をリモートでこなしながら、公立小学校の支援学級のティーチャーズ・アシスタントとして、2年間フルタイムで働いた。アメリカの障がい児教育に興味を持ったからだ。

求人サイトIndeedで見つけて応募、未経験だけど意欲を買われて採用された。

1年目の低学年のクラスに、ドレという8歳の男の子がいた。知的な障がいがあって2語分を話すのが難しい。「シューズ」は言えるが「イエロー・シューズ」は言えない。文字のなぞり書きはできるが自分では書けない。運動能力は長けていて私と気が合った。休み時間に鬼ごっこやボール投げをして遊んだ。授業でアルファベットを書くプリントが終わると、彼はいつも、プリントの余白に大好きなクラスメートの名前を書いてと、私にせがんだ。書いてあげると喜んで鉛筆でなぞっていた。

学区の体制が変わり、ドレは2年目に転校していったが、新しい学校に適応できず2カ月ほどで戻ってくることになった。戻ってくる前日、その学校のクラス担任が打ち合わせを兼ねて見学に来た。カフェテリアで児童のランチの世話をしていると、その先生が「あなたがMiss Yoshi《ミスヨシ》ね」と話しかけてきた。学校では先生からも子どもからもそう呼ばれていた。

「ええ、何か?」「私はあなたの名前を毎日何回も書いてるのよ、ドレのために」

転校したドレは、書き取りの時間に担任の先生に、「Miss Yoshiの名前を書いて」と毎日頼んでいたという。一緒に勉強していたとき、私は自分の名前を彼のために書いたことはなかった。

涙が出てきた。今、思い出しても涙が出る。

自分にできる小さなことを、ドレのためにしていた。ドレはそれをしっかり受けとってくれていた。彼にとって大切なことだったのだ。

大変なことがあったとき、この経験がキラキラ光って励ましてくれる、生きていける。

あなたも、あなたの宝を見つけてください。上手にお金と時間をコントロールして。

女性《じょせい》が28歳《さい》までに知《し》っておきたい
お金《かね》の貯《た》め方《かた》・ふやし方《かた》

著　者――中村芳子（なかむら・よしこ）

発行者――押鐘太陽

発行所――株式会社三笠書房

〒102-0072　東京都千代田区飯田橋3-3-1

https://www.mikasashobo.co.jp

印　刷――誠宏印刷

製　本――若林製本工場

ISBN978-4-8379-4023-4 C0030

本書へのご意見やご感想、お問い合わせは、QRコード、
または下記URLより弊社公式ウェブサイトまでお寄せください。
https://www.mikasashobo.co.jp/c/inquiry/index.html